新时期交通土建类高职高专规划教材

公路检测管理技术

王愉龙　主　编

人民交通出版社股份有限公司
北　京

内 容 提 要

本书以公路工程质量检测的全过程为主线,包括公路检测工作的相关法律和法规、公路工程检测机构及人员管理、检测数据处理、公路工程质量评定和交竣工验收、工地试验室建设与管理,及公路技术状况评定、桥梁技术状况评定等内容。

本书可作为高职高专院校道路桥梁工程技术、道路养护与管理、工程造价、工程监理等专业的教学用书,亦可作为公路工程管理人员培训及在职人员继续教育参考用书。

图书在版编目(CIP)数据

公路检测管理技术 / 王愉龙主编. — 北京:人民交通出版社股份有限公司,2020.2
 ISBN 978-7-114-16226-8

Ⅰ.①公… Ⅱ.①王… Ⅲ.①道路工程—检测 Ⅳ.①U41

中国版本图书馆 CIP 数据核字(2020)第 005029 号

新时期交通土建类高职高专规划教材

书　　名:	公路检测管理技术
	Gonglu Jiance Guanli Jishu
著 作 者:	王愉龙
责任编辑:	任雪莲　王　丹
责任校对:	孙国靖　魏佳宁
责任印制:	刘高彤
出版发行:	人民交通出版社股份有限公司
地　　址:	(100011)北京市朝阳区安定门外外馆斜街 3 号
网　　址:	http://www.ccpress.com.cn
销售电话:	(010)59757973
总 经 销:	人民交通出版社股份有限公司发行部
经　　销:	各地新华书店
印　　刷:	北京鑫正大印刷有限公司
开　　本:	787×1092　1/16
印　　张:	10
字　　数:	240 千
版　　次:	2020 年 1 月　第 1 版
印　　次:	2020 年 1 月　第 1 次印刷
书　　号:	ISBN 978-7-114-16226-8
定　　价:	49.00 元

(有印刷、装订质量问题的图书由本公司负责调换)

新时期交通土建类高职高专规划教材
编审委员会

主　　　任：杨云峰

副　主　任：王天哲　薛安顺

委　　　员：张　鹏　魏　锋　王愉龙　田建辉
　　　　　　邹艳琴　焦　莉　殷青英　周庆华
　　　　　　王少宏　王学礼　张　建　米国兴
　　　　　　尚同羊　石雄伟　李芳霞　赵仙茹
　　　　　　赵国刚　李彩霞　赵亚兰　柴彩萍
　　　　　　王亚利　李青芳　黄　娟　李　艳
　　　　　　张军艳　李婷婷　张丽萍　王万平
　　　　　　张松雷　李晶晶

序
PREFACE

建设教育强国是中华民族伟大复兴的基础工程。交通运输是国民经济基础性、先导性、战略性产业。交通高等职业教育鼎力支持交通运输事业,弘扬劳模精神和工匠精神,营造"劳动光荣、技能宝贵、创造伟大"的社会风尚和精益求精的敬业风气,建设知识型、技能型、创新型劳动者大军,培养德智体美全面发展的社会主义建设者和接班人。

习近平总书记明确指出,"十三五"是交通运输基础设施发展、服务水平提高和转型发展的黄金时期,要抓住这一时期,加快发展,不辱使命,为实现中华民族伟大复兴的中国梦发挥更大的作用。当前,在我国经济发展进入新常态后,交通运输作为国民经济重要的基础性、先导性、服务性行业的基础地位没有改变,在经济社会发展中先行官的职责和使命没有改变,在稳增长、促投资、促消费中的重要作用没有改变,由基本适应向适度超前发展的阶段性特征和态势没有改变。我国正由"交通大国"向"交通强国"迈进。交通高等职业教育肩负着交通运输人才培养、科学研究、社会服务、文化传承创新的神圣使命,在实现"两个一百年"奋斗目标的伟大进程中必须有担当、有作为。

陕西交通职业技术学院是国家优质高职院校立项建设单位、陕西省优秀示范性高职院校,被誉为中国西部"交通建设管理人才的摇篮"。学校以全国交通运输示范专业——道路桥梁工程技术专业为核心,构建公路工程专业集群,弘扬"吃苦实干,爱岗敬业,默默奉献,图强创新"的"铺路石"精神,秉持"立足交通,服务交通,引领交通"的发展理念,坚持"校企合作实践育人,提升能力内涵发展"的建设思想,锻造"公在心中,路在脚下,铁肩担当,道存目击"的精神文化,开展"大专业小方向"的专业改革,实施"岗位导向,学训交替,能力递进,分组顶岗"的人才培养模式,紧密对接交通运输行业转型升级,紧紧围绕交通基础设施建设与管理的产业需求,培养热爱交通、扎根基层、吃苦实干的公路交通技术技能人才。

近年来,陕西交通职业技术学院不忘初心、拼搏奋斗,深化教育教学改革,优化专业体系结构,加强师资队伍建设,完善质量保证体系,始终致力于提升内涵建设品质,提高人才培养质量,增强社会服务能力。公路工程专业集群以道路桥梁工程技术专业为引领,先后获得国家级教学团队、全国职业院校交通运输类示范专业、高等职业教育创新发展行动计划骨干专业、陕西高职院校"一流专业"、陕西省重点专业、陕西省示范院校建设重点专业、陕西高职院校综合改革试点专业等重大荣誉和政策支持。"十三五"是交通运输基础设施加速成网的黄金时期,也是我国交通运输基础设施集中建设、扩大规模的重要时期,更是交通运输优化结构、提升服务水平的关键时期。在这样的背景下,陕西交通职业技术学院成立"新时期交通土建类高职高专规划教材"编审委员会,以长期教育教学改革实践为基础,系统总结教学内涵建设经验,编写系列教材,期望以此形式固化、展示、应用、分享改革建设的成果,培养符合新时期交通运输发展需求的高质量技术技能人才。

"新时期交通土建类高职高专规划教材"以提高人才培养质量为根本目标,贯彻高等职业教育教学改革发展新理念,对接交通运输行业最新颁布标准、规范、规程,努力从内容到形式上都有所创新。教材丛书依据专业集群的核心课程而规划,体现产教融合特色。教材突出工匠精神、职业道德、职业技能和就业创业能力教育的完美融合,注重学生全面培养。教材功能基于服务课程教学的基本载体和直观媒介而定位,凸显学生主体地位;教材内容按照职业岗位知识和能力需求而取舍,突出实践能力培养;教学方法遵循高职学生学习特点和认知规律而设计,强调理实一体教学。我们期待这套教材能在新时期交通土建类高职人才培养中起到积极的作用。

向支持交通高职教育教材建设的人民交通出版社表示衷心感谢。向关心、支持、帮助教材编审的合作企业、专家学者、校友致以崇高敬意和诚挚谢意。

新时期交通土建类高职高专
规划教材编审委员会主任
2017 年 12 月

前 言
——FOREWORD——

本书主要介绍公路工程试验检测管理相关法律和法规、公路工程检测机构与人员管理、检测数据处理、检测项目及工程质量评定、交竣工验收评定、工地试验室建设与管理、公路技术状况评定、桥梁技术状况评定等方面内容。

本书编写的主要依据为《中华人民共和国计量法》《中华人民共和国标准化法》《中华人民共和国产品质量法》《公路工程技术标准》(JTG B01—2014)、《公路工程质量检验评定标准 第一册 土建工程》(JTG F80/1—2017)、《公路工程竣(交)工验收办法实施细则》(交公路发〔2010〕65号)、《公路路基路面现场测试规程》(JTG E60—2008)、《公路技术状况评定标准》(JTG 5210—2018)等。

本书编写人员及分工:第一章由彬州市公路工程检测中心刘佳伟编写,第二、三、四、五、七、八章由陕西交通职业技术学院王愉龙编写,第六章由陕西交通职业技术学院鱼峰编写。全书由王愉龙担任主编并负责统稿工作,王亚利任主审。

本书在编写过程中参考了国内近年来正式出版的相关规范和教材,特此向相关编者表示衷心的感谢。由于编者水平有限,加之编写时间仓促,书中难免有错误和疏漏之处,恳请读者批评指正。

编 者
2019年6月

目 录
CONTENTS

第一章　公路工程试验检测管理相关法律和法规 ······ 1
　　第一节　计量法 ······ 1
　　第二节　标准化法 ······ 5
　　第三节　标准化法实施条例 ······ 9
　　第四节　产品质量法 ······ 12
　　第五节　建设工程质量管理条例 ······ 14
　　第六节　《公路水运工程试验检测管理办法》概述 ······ 15
　　思考与练习 ······ 18

第二章　公路工程检测机构与人员管理 ······ 19
　　第一节　公路工程检测机构和人员信用评价 ······ 19
　　第二节　公路工程试验检测机构等级评定 ······ 27
　　第三节　公路工程试验检测机构 CMA 计量认证 ······ 46
　　思考与练习 ······ 48

第三章　检测数据处理 ······ 49
　　第一节　抽样检验 ······ 49
　　第二节　有效数字及检测数据的修约规则 ······ 51
　　第三节　检测数据的统计特征量 ······ 52
　　第四节　可疑数据的取舍方法 ······ 54
　　第五节　误差分析 ······ 57
　　第六节　路基路面现场随机取样方法 ······ 58
　　思考与练习 ······ 59

第四章　检测项目与工程质量评定 ······ 60
　　思考与练习 ······ 79

第五章　交竣工验收评定 ······ 80
　　思考与练习 ······ 84

第六章　工地试验室建设与管理 ······ 85
　　第一节　试验室硬件设施建设 ······ 85
　　第二节　工地试验室组织机构 ······ 90
　　第三节　工地试验室日常管理 ······ 91
　　第四节　公路工程试验检测信息化管理 ······ 96

思考与练习 ·· 99
第七章　公路技术状况评定 ··· 100
　第一节　公路技术状况评价指标体系和评定标准 ··· 100
　第二节　公路损坏分类 ··· 101
　第三节　公路技术状况检测与调查 ·· 106
　第四节　公路技术状况评定方法 ··· 111
　　思考与练习 ·· 122
第八章　桥梁技术状况评定 ··· 126
　桥梁技术状况评定案例 ·· 141
　　思考与练习 ·· 148
参考文献 ··· 149

第一章 公路工程试验检测管理相关法律和法规

学习目标

（1）了解《中华人民共和国计量法》《中华人民共和国标准化法》《中华人民共和国产品质量法》相关条款基本内容及其在公路试验检测方面的规定。

（2）熟悉公路工程试验检测机构的类型、对应专业及等级设置。

（3）掌握当前对公路工程试验检测机构在试验检测活动方面及监督检查方面的规定。

我国试验检测机构分布在各个领域，它们具有共同的特征，就是利用仪器设备，根据有关法律、法规、标准、规范，实施对相关领域产品的质量检测，为保障产品的质量发挥了重要作用。提供客观准确数据是试验检测技术活动的核心，仪器设备的计量是否准确可靠直接决定数据准确性的高低。为了加强计量监督管理，保障国家计量单位制的统一和量值的准确可靠，有利于生产、贸易和科学技术的发展，适应社会主义现代化建设的需要，维护国家、人民的利益，1985 年国家颁布《中华人民共和国计量法》（简称《计量法》），明确规定在中华人民共和国境内，建立计量基准器具、计量标准器具，进行计量检定，制造、修理、销售、使用计量器具，必须遵守《计量法》。为了落实《计量法》有关要求，1987 年颁布了《中华人民共和国计量法实施细则》（简称《计量法实施细则》），在规范计量单位使用以及计量器具准确、维护人民利益等方面发挥了重要作用。2018 年 10 月，国家对原《计量法》进行了修订，而现行《计量法实施细则》则是于 2008 年 3 月根据上一版本《计量法》进行修订的。

根据《计量法》及其实施细则规定，国家实行法定计量单位制度。国家法定计量单位的名称、符号的使用和非国家法定计量单位的废除，按照国务院关于在我国统一实行法定计量单位的有关规定执行。

2017 年国家修订了《中华人民共和国标准化法》（简称《标准化法》）以及《中华人民共和国标准化法实施条例》（简称《标准化法实施条例》），对标准的制定及有效性、标准的实施与监督等方面做了明确规定。

为了加强对建设工程质量的管理，保证工程质量，保护人民生命和财产安全，2000 年国家颁布了《建设工程质量管理条例》，规定从事建设工程的新建、扩建、改建等有关活动及实施建设工程质量监督管理的，必须遵守本条例。交通工程属于建设工程的范畴，因此，其试验检测活动应符合《建设工程质量管理条例》的规定。

公路水运试验检测是检测人员依据相应的国家或交通行业规范标准，选择符合要求的仪器设备，对产品的使用性能进行的检测。为了保障检测数据的准确可靠，除所使用的仪器设备已进行检定/校准、选择的规范标准正确、操作符合规范要求外，还需依国家法律法规和行业管理要求对检测机构进行相应的管理。

第一节 计 量 法

计量在中国历史上称为度量衡。从原始的劳动人民积累下的"布手知尺、掬手为升、取权定量、滴水记时、举足为畦、迈步算亩"的计量方式,到后来尺、斗、秤的出现,直至现代,随着社会生产、经济和科学技术的不断发展,计量的范畴已远远超出历史上的范围,逐步发展到长度、温度、力学、电磁学、光学、声学、化学、无线电、放射性、时间、频率等多种计量领域,已经形成一门独立的学科——计量学,成为现代物理学的一个重要分支。它以法定的形式统一计量单位制,利用现代科学技术所能达到的最高准确度建立计量基准和标准,并用以核准测量工具,实现对全国测量业务的国家监督。

一、《计量法》有关内容

《计量法》包括总则,计量基准器具、计量标准器具和计量检定,计量器具管理,计量监督,法律责任和附则六章内容。现将《计量法》中常用名词术语进行阐述。

计量器具是指能用以直接或间接测出被测对象量值的装置、仪器仪表、量具和用于统一量值的标准物质,包括计量基准、计量标准、工作计量器具。

计量检定是指为评定计量器具的计量性能,确定其是否合格所进行的全部工作。

二、《计量法》和《计量法实施细则》相关条款要求

《计量法》第三条 国家实行法定计量单位制度。

国际单位制计量单位和国家选定的其他计量单位,为国家法定计量单位。国家法定计量单位的名称、符号由国务院公布。

因特殊需要采用非法定计量单位的管理办法,由国务院计量行政部门另行制定。

国务院1984年2月27日发布的《关于在我国统一实行法定计量单位的命令》,对法定计量单位的名称、符号已做了规定。

《计量法》第五条 国务院计量行政部门负责建立各种计量基准器具,作为统一全国量值的最高依据。

《计量法》第六条 县级以上地方人民政府计量行政部门根据本地区的需要,建立社会公用计量标准器具,经上级人民政府计量行政部门主持考核合格后使用。

《计量法》第七条 国务院有关主管部门和省、自治区、直辖市人民政府有关主管部门,根据本部门的特殊需要,可以建立本部门使用的计量标准器具,其各项最高计量标准器具经同级人民政府计量行政部门主持考核合格后使用。

(1)本条是对省级以上人民政府有关主管部门建立计量标准以及计量标准法律地位的规定。

(2)省级以上人民政府有关主管部门根据本部门的特殊需要建立的计量标准,在本部门内部使用,作为统一全国量值的依据。

(3)"根据本部门的特殊需要",是指社会公用计量标准不能适应某部门专业特点的特殊需要。

(4)建立本部门的各项最高计量标准,须经人民政府计量行政部门主持考核合格后,才能在本部门内开展检定。"主持考核"是指同级人民政府计量行政部门负责组织法定计量检定机构或授权的有关机构进行的考核。

《计量法》第八条 企业、事业单位根据需要,可以建立本单位使用的计量标准器具,其各项最高计量标准器具经有关人民政府计量行政部门主持考核合格后使用。

《计量法》第九条 县级以上人民政府计量行政部门对社会公用计量标准器具,部门和企

业、事业单位使用的最高计量标准器具,以及用于贸易结算、安全防护、医疗卫生、环境监测方面的列入强制检定目录的工作计量器具,实行强制检定。未按照规定申请检定或者检定不合格的,不得使用。实行强制检定的工作计量器具的目录和管理办法,由国务院制定。

对前款规定以外的其他计量标准器具和工作计量器具,使用单位应当自行定期检定或者送其他计量检定机构检定。

(1)本条是对强制检定的计量器具和非强制检定的计量器具检定管理的规定。

(2)社会公用计量标准,部门和企业、事业单位使用的最高计量标准,为强制检定的计量标准。强制检定的计量标准和强制检定的工作计量器具统称为强制检定的计量器具。

(3)强制检定是由县级以上人民政府计量行政部门制定的法定计量检定机构或授权的计量检定机构,对强制检定的计量器具实行的定点定期检定。检定周期由执行强制检定的计量检定机构根据计量检定规程,结合实际使用情况规定。

(4)本条关于县级以上人民政府计量行政部门对强制检定的计量器具实行强制检定的规定,在具体应用时,是指对强制检定的计量标准,由主持考核该项计量标准的人民政府计量行政部门指定的计量检定机构进行检定。

(5)"前款规定以外的其他计量标准器具和工作计量器具",是指除了强制检定的计量器具以外的其他依法管理的计量标准和工作计量器具,即非强制检定的计量器具。

(6)非强制检定是指由使用单位自己依法进行的定期检定,或者本单位不能检定的,送有权对社会开展量值传递工作的其他计量检定机构进行的检定。县级以上人民政府计量行政部门应对其进行监督检查。

(7)强制检定与非强制检定,是对计量器具依法管理的两种形式。不按本条规定进行周期检查,都要负法律责任。

(8)《中华人民共和国强制检定的工作计量器具检定管理办法》由国务院发布,并于1987年7月1日起施行。

《计量法》第十条 计量检定必须按照国家计量检定系统表进行。国家计量检定系统表由国务院计量行政部门制定。

计量检定必须执行计量检定规程。国家计量检定规程由国务院计量行政部门制定。没有国家计量检定规程的,由国务院有关主管部门和省、自治区、直辖市人民政府计量行政部门分别制定部门计量检定规程和地方计量检定规程。

(1)本条是对计量检定依据的规定。

(2)国家计量检定系统表是指从计量基准到各等级的计量标准直至工作计量器具的检定程序所作的技术规定,它由文字和框图构成,建成国家计量检定系统。

(3)计量检定规程是指对计量器具的计量性能、检定项目、检定条件、检定方法、检定周期以及检定数据处理等所作的技术规定,包括国家计量检定规程、部门和地方计量检定规程。

(4)国家计量规程由国务院计量行政部门制定,在全国范围内施行。没有国家计量检定规程的,国务院有关部门可指定部门计量检定规程,在本部门内施行。省、自治区、直辖市人民政府计量行政部门可制定地方行政计量检定规程,在本行政区内施行。

《计量法》第十一条 计量检定工作应当按照经济合理的原则,就地就近进行。

(1)本条是对实施强制检定和非强制检定所应遵循的原则的规定,也是对全国量值传递体制的规定。

(2)"经济合理"是指进行计量检定,组织量值传递要充分利用现有的计量检定设施,合理部署计量检定网点。

（3）就地就近进行计量检定，是指组织量值传递不受行政区域和部门管理的限制。

《计量法实施细则》第十二条　企业、事业单位应当配备与生产、科研、经营管理相适应的计量检测设施，制定具体的检定管理办法和规章制度，规定本单位管理的计量器具明细目录及相应的检定周期，保证使用的非强制检定的计量器具定期检定。

《计量法实施细则》第二十二条　任何单位和个人不准在工作岗位上使用无检定合格印、证或者超过检定周期以及经检定不合格的计量器具。在教学示范中使用计量器具不受此限。

《计量法》第二十条　县级以上人民政府计量行政部门可以根据需要设置计量检定机构，或者授权其他单位的检定机构，执行强制检定和其他检定、测试任务。

执行前款规定的检定、测试任务的人员，必须经考核合格。

（1）本条是对县级以上人民政府计量行政部门实施计量法制监督所需要的计量检定机构和计量检定人员的规定。

（2）县级以上人民政府计量行政部门依法设置的计量检定机构，为国家法定计量检定机构。

（3）"计量检定机构"是指承担计量检定工作的有关技术机构。

（4）"其他检定、测试任务"，在具体应用时，是指本法规定的计量标准考核，制造、修理计量器具条件的考核，定性检定，样机试验，仲裁检定，产品质量检验机构的计量认证，法定计量检定机构进行的非强制的检定，以及政府计量部门、行政部门授权的机构面向社会进行的非强制检定。

（5）"授权其他单位的计量检定机构，执行强制检定和其他检定、测试任务"，在具体应用时，采取以下形式：

①授权专业性或区域性计量检定机构，作为法定计量检定机构；

②授权有关技术机构建立社会公用计量标准；

③授权某一部门或某一单位的计量检定机构，对其内部使用的强制检定的计量器具执行强制检定；

④授权有关技术机构，承担法律规定的其他检定、测试任务。

（6）执行强制检定和本条解释的第（4）项"其他检定、测试任务"，必须经县级以上人民政府计量行政部门考核合格，发给计量检定证件，取得执行检定、测试任务的资格。

《计量法》第二十一条　处理因计量器具准确度所引起的纠纷，以国家计量基准器具或者社会公用计量标准器具的数据为准。

（1）本条是对作为处理计量纠纷所依据的检定数据的规定。

（2）因计量器具准确度所引起的纠纷，为计量纠纷。

（3）以计量基准或社会公用计量标准检定的数据作为处理计量纠纷的依据，具有法律效力。

（4）用计量基准或社会公用计量标准所进行的以裁决为目的的计量检定、测试活动，统称为仲裁检定。

《计量法》第二十二条　为社会提供公证数据的产品质量检验机构，必须经省级以上人民政府计量行政部门对其计量检定、测试的能力和可靠性考核合格。

（1）本条是对为社会提供公证数据的产品质量检验机构，实施计量法制监督的规定。

（2）省级以上人民政府计量行政部门对产品质量检验机构计量检定、测试能力和可靠性考核合格,即为产品质量检验机构的计量认证。

《计量法》及《计量法实施细则》规定,凡是为社会提供公证数据的产品质量检定机构,必须经省级以上人民政府计量行政部门计量认证。认证的内容包括:计量检定、测试设备的性能;计量检定、测试设备的工作环境和人员的操作技能;保证量值统一、准确的措施及检测数据公证可靠的管理制度。

按照《计量法》及《计量法实施细则》的规定,作为为社会提供公正数据的第三方产品检验机构,它的可信度程度取决于是否独立于制造、销售或至少独立于研究、开发,真正处于公正地位;是否具有评价产品质量优劣所需要的技术手段;出具的检定、测试数据是否得到社会的承认。

《计量法实施细则》第十八条　对企业、事业单位制造、修理计量器具的质量,各有关主管部门应当加强管理,县级以上人民政府计量行政部门有权进行监督检查,包括抽检和监督试验。凡无产品合格印、证,或者经检定不合格的计量器具,不准出厂。

《计量法》第二十六条　使用不合格的计量器具或者破坏计量器具准确度,给国家和消费者造成损失的,责令赔偿损失,没收计量器具和违法所得,可以并处罚款。

(1)本条是对违反本法第十六条和使用不合格的计量器具,给国家和消费者造成损失的行为,追究行政法律责任和民事法律责任的规定。

(2)本条规定的行政处罚适用于任何单位和个人。

(3)"使用不合格的计量器具",是指使用无检定合格印、证,或者超过检定周期,以及经检定不合格的计量器具。

第二节　标　准　化　法

《标准化法》是国家对现代化生产进行科学管理的有关标准化的法律规范的总称。主要内容包括:标准化机构的设置和权限;标准编制的对象和程序;标准化的纲要和计划;标准的应用范围;推广新标准的时间;贯彻标准化的制度、责任以及违反标准化规定时的处罚等。

《标准化法》适用于农业、工业、服务业以及社会事业等领域。

一、《标准化法》制定的目的及标准的分类

《标准化法》第一条　为了加强标准化工作,提升产品和服务质量,促进科学技术进步,保障人身健康和生命财产安全,维护国家安全、生态环境安全,提高经济社会发展水平,制定本法。

本条款阐述了立法的目的和作用。通过立法实现如下目标:

(1)调整标准体系、管理体制,加强标准化工作。

(2)进一步规范标准制定程序和要求,提升标准质量和水平,促进产品和服务质量提升。

(3)为科学技术研究成果制定标准、提供制度保障,有利于更好地推动科学技术进步。

(4)为各类与安全相关的行为、产品、服务等设置底线和门槛,为保障和维护各类安全筑牢屏障。

(5)引导和鼓励全社会运用标准化方式组织生产、经营、管理和服务,能够切实提升经济效益、社会效益和生态效益,全面提高经济社会发展水平。

《标准化法》第二条　本法所称标准(含标准样品),是指农业、工业、服务业以及社会事业等领域需要统一的技术要求。

标准包括国家标准、行业标准、地方标准和团体标准、企业标准。国家标准分为强制性标准、推荐性标准,行业标准、地方标准是推荐性标准。

强制性标准必须执行。国家鼓励采用推荐性标准。

本条是关于标准的范围和分类的规定。

我国标准按照制定主体分为国家标准、行业标准、地方标准和团体标准、企业标准。国家标准、行业标准和地方标准属于政府主导制定的标准,团体标准和企业标准属于市场主体自主制定的标准。国家标准由国务院标准化行政主管部门制定。行业标准由国务院有关行政主管部门制定。地方标准由省、自治区、直辖市以及设区的市人民政府标准化行政主管部门制定。团体标准由学会、协会、商会、联合会、产业技术联盟等社会团体制定。企业标准由企业或企业联合体制定。

我国标准按实施效力分为强制性标准和推荐性标准。这种分类只适用于政府制定的标准。强制性标准仅有国家标准一级,本法第十条另有规定的除外。推荐性标准包括推荐性国家标准、行业标准和地方标准。强制性标准必须执行,不符合强制性标准的产品、服务,不得生产、销售、进口或者提供。违反强制性标准的,依法承担相应的法律责任。推荐性标准,国家鼓励采用,即企业自愿采用推荐性标准,同时国家将采取一些鼓励和优惠措施,鼓励企业采用推荐性标准。但在有些情况下,推荐性标准的效力会发生转化,必须执行,具体如下:

(1)推荐性标准被相关法律、法规、规章引用,则该推荐性标准具有相应的强制约束力,应当按法律、法规、规章的相关规定予以实施。

(2)推荐性标准被企业在产品包装、说明书或者标准信息公共服务平台上进行了自我声明公开的,企业必须执行该推荐性标准。企业生产的产品与明示标准不一致的,依据《中华人民共和国产品质量法》的规定承担相应的法律责任。

(3)推荐性标准被合同双方作为产品或服务交付的质量依据的,该推荐性标准对合同双方具有约束力,双方必须执行该推荐性标准,并依据《中华人民共和国合同法》的规定承担法律责任。

《标准化法》第三条　标准化工作的任务是制定标准、组织实施标准以及对标准的制定、实施进行监督。

县级以上人民政府应当将标准化工作纳入本级国民经济和社会发展规划,将标准化工作经费纳入本级预算。

本条是关于标准化工作任务及政府将标准化工作纳入国民经济和社会发展规划、纳入财政预算的规定。

标准化工作的范围包括制定标准、组织实施标准以及对标准的制定、实施进行监督,这涵盖了标准化活动的全过程。"制定标准"是由标准制定主体按照其既定的制定程序编制和发布标准。"组织实施标准"是指标准化机构宣传、推广标准,社会各方面应用、实施标准。"对标准的制定、实施进行监督"是指法定监管部门依法对标准的制定程序、标准的内容以及实施标准的行为等进行监督,并对相关违法行为追究法律责任。

二、关于标准的制定和实施

《标准化法》第四条　制定标准应当在科学技术研究成果和社会实践经验的基础上,深入调查论证,广泛征求意见,保证标准的科学性、规范性、时效性,提高标准质量。

本条是关于制定标准基本要求的规定。

标准是科学技术研究成果和社会实践经验的总结,是公认的技术准则,是利益相关方协调一致的产物。标准的制定还应当遵循相应的制定程序和编写规则。

《标准化法》第九条　对在标准化工作中做出显著成绩的单位和个人,按照国家有关规定给予表彰和奖励。

本条是关于标准化表彰奖励的规定。

《标准化法》第十条　对保障人身健康和生命财产安全、国家安全、生态环境安全以及满足经济社会管理基本需要的技术要求,应当制定强制性国家标准。

国务院有关行政主管部门依据职责负责强制性国家标准的项目提出、组织起草、征求意见和技术审查。国务院标准化行政主管部门负责强制性国家标准的立项、编号和对外通报。国务院标准化行政主管部门应当对拟制定的强制性国家标准是否符合前款规定进行立项审查,对符合前款规定的予以立项。

省、自治区、直辖市人民政府标准化行政主管部门可以向国务院标准化行政主管部门提出强制性国家标准的立项建议,由国务院标准化行政主管部门会同国务院有关行政主管部门决定。社会团体、企业事业组织以及公民可以向国务院标准化行政主管部门提出强制性国家标准的立项建议,国务院标准化行政主管部门认为需要立项的,会同国务院有关行政主管部门决定。

强制性国家标准由国务院批准发布或者授权批准发布。

法律、行政法规和国务院决定对强制性标准的制定另有规定的,从其规定。

本条是关于强制性国家标准制定范围和制定程序的规定。

《标准化法》第十一条　对满足基础通用、与强制性国家标准配套、对各有关行业起引领作用等需要的技术要求,可以制定推荐性国家标准。

推荐性国家标准由国务院标准化行政主管部门制定。

本条是关于推荐性国家标准制定范围和制定主体的规定。

《标准化法》第十二条　对没有推荐性国家标准、需要在全国某个行业范围内统一的技术要求,可以制定行业标准。

行业标准由国务院有关行政主管部门制定,报国务院标准化行政主管部门备案。

本条是关于行业标准制定范围、制定主体和备案要求的规定。

《标准化法》第十三条　为满足地方自然条件、风俗习惯等特殊技术要求,可以制定地方标准。

地方标准由省、自治区、直辖市人民政府标准化行政主管部门制定;设区的市级人民政府标准化行政主管部门根据本行政区域的特殊需要,经所在地省、自治区、直辖市人民政府标准化行政主管部门批准,可以制定本行政区域的地方标准。地方标准由省、自治区、直辖市人民政府标准化行政主管部门报国务院标准化行政主管部门备案,由国务院标准化行政主管部门通报国务院有关行政主管部门。

本条是关于地方标准制定范围、制定主体和备案要求的规定。

《标准化法》第十四条　对保障人身健康和生命财产安全、国家安全、生态环境安全以及经济社会发展所需的标准项目,制定标准的行政主管部门应当优先立项并及时完成。

本条是优先制定急需标准的规定。

本条所列优先制定的标准包括强制性国家标准以及经济社会发展急需的标准,这些也是国家规划的重点。比如,保障农产品安全、消费品安全、信息安全、生产安全、食品安全、生态环境安全的强制性国家标准以及节能减排、基本公共服务、新一代信息技术、智能制造和装备升级、新型城镇化、现代化物流等领域急需的标准。

《标准化法》第十五条　制定强制性标准、推荐性标准,应当在立项时对有关行政主管部门、企业、社会团体、消费者和教育、科研机构等方面的实际需求进行调查,对制定标准的必要性、可行性进行论证评估;在制定过程中,应当按照便捷有效的原则采取多种方式征求意见,组织对标准相关事项进行调查分析、实验、论证,并做到有关标准之间的协调配套。

本条是关于强制性标准和推荐性标准制定工作要求的规定。

《标准化法》第十六条　制定推荐性标准,应当组织由相关方组成的标准化技术委员会,承担标准的起草、技术审查工作。制定强制性标准,可以委托相关标准化技术委员会承担标准的起草、技术审查工作。未组成标准化技术委员会的,应当成立专家组承担相关标准的起草、技术审查工作。标准化技术委员会和专家组的组成应当具有广泛代表性。

《标准化法》第十七条　强制性标准文本应当免费向社会公开。国家推动免费向社会公开推荐性标准文本。

本条是关于强制性标准和推荐性标准免费公开的规定。

《标准化法》第十八条　国家鼓励学会、协会、商会、联合会、产业技术联盟等社会团体协调相关市场主体共同制定满足市场和创新需要的团体标准,由本团体成员约定采用或者按照本团体的规定供社会自愿采用。

制定团体标准,应当遵循开放、透明、公平的原则,保证各参与主体获取相关信息,反映各参与主体的共同需求,并应当组织对标准相关事项进行调查分析、实验、论证。

国务院标准化行政主管部门会同国务院有关行政主管部门对团体标准的制定进行规范、引导和监督。

《标准化法》第十九条　企业可以根据需要自行制定企业标准,或者与其他企业联合制定企业标准。

《标准化法》第二十一条　推荐性国家标准、行业标准、地方标准、团体标准、企业标准的技术要求不得低于强制性国家标准的相关技术要求。

国家鼓励社会团体、企业制定高于推荐性标准相关技术要求的团体标准、企业标准。

本条是关于标准之间关系的规定。

《标准化法》第二十四条　标准应当按照编号规则进行编号。标准的编号规则由国务院标准化行政主管部门制定并公布。

本条是关于标准编号的规定。

《标准化法》第二十七条　国家实行团体标准、企业标准自我声明公开和监督制度。企业应当公开其执行的强制性标准、推荐性标准、团体标准或者企业标准的编号和名称;企业执行自行制定的企业标准的,还应当公开产品、服务的功能指标和产品的性能指标。国家鼓励团体标准、企业标准通过标准信息公共服务平台向社会公开。

企业应当按照标准组织生产经营活动,其生产的产品、提供的服务应当符合企业公开标准的技术要求。

本条是关于团体标准和企业标准自我声明公开和监督制度的规定。

《标准化法》第二十九条　国家建立强制性标准实施情况统计分析报告制度。

国务院标准化行政主管部门和国务院有关行政主管部门、设区的市级以上地方人民政府标准化行政主管部门应当建立标准实施信息反馈和评估机制,根据反馈和评估情况对其制定的标准进行复审。标准的复审周期一般不超过五年。经过复审,对不适应经济社会发展需要和技术进步的应当及时修订或者废止。

本条是关于标准实施的统计分析报告和信息反馈、评估、复审制度的规定。

《标准化法》第三十条　国务院标准化行政主管部门根据标准实施信息反馈、评估、复审情况,对有关标准之间重复交叉或者不衔接配套的,应当会同国务院有关行政主管部门作出处理或者通过国务院标准化协调机制处理。

本条是关于标准之间重复交叉等问题的处理规定。

《标准化法》第三十一条　县级以上人民政府应当支持开展标准化试点示范和宣传工作,传播标准化理念,推广标准化经验,推动全社会运用标准化方式组织生产、经营、管理和服务,发挥标准对促进转型升级、引领创新驱动的支撑作用。

三、关于标准的监督管理

《标准化法》第三十二条　县级以上人民政府标准化行政主管部门、有关行政主管部门依据法定职责,对标准的制定进行指导和监督,对标准的实施进行监督检查。

《标准化法》第三十三条　国务院有关行政主管部门在标准制定、实施过程中出现争议的,由国务院标准化行政主管部门组织协商;协商不成的,由国务院标准化协调机制解决。

《标准化法》第三十四条　国务院有关行政主管部门、设区的市级以上地方人民政府标准化行政主管部门未依照本法规定对标准进行编号、复审或者备案的,国务院标准化行政主管部门应当要求其说明情况,并限期改正。

四、关于法律责任方面的规定

《标准化法》第四十一条　国务院标准化行政主管部门未依照本法第十条　第二款规定对制定强制性国家标准的项目予以立项,制定的标准不符合本法第二十一条第一款、第二十二条第一款规定,或者未依照本法规定对标准进行编号、复审或者予以备案的,应当及时改正;对负有责任的领导人员和直接责任人员可以依法给予处分。

《标准化法》第四十二条　社会团体、企业未依照本法规定对团体标准或者企业标准进行编号的,由标准化行政主管部门责令限期改正;逾期不改正的,由省级以上人民政府标准化行政主管部门撤销相关标准编号,并在标准信息公共服务平台上公示。

本条是关于社会团体、企业未依法编号法律责任的规定。

第三节　标准化法实施条例

《标准化法》和《标准化法实施条例》在职责、标准制定的有效性、标准的实施与监督等方面作了明确规定,对保障试验检测工作质量起到关键作用,下面就有关内容作详细介绍。

一、关于职责方面的规定

《标准化法实施条例》第六条　国务院标准化行政主管部门统一管理全国标准化工作,履行下列职责：

（一）组织贯彻国家有关标准化工作的法律、法规、方针、政策；

（二）组织制定全国标准化工作规划、计划；

（三）组织制定国家标准；

（四）指导国务院有关行政主管部门和省、自治区、直辖市人民政府标准化行政主管部门的标准化工作，协调和处理有关标准化工作问题；

（五）组织实施标准；

（六）对标准的实施情况进行监督检查；

（七）统一管理全国的产品质量认证工作；

（八）统一负责对有关国际化组织的业务联系。

《标准化法实施条例》第七条　国务院有关行政主管部门分工管理本部门、本行业的标准化工作，履行下列职责：

（一）贯彻国家标准化工作的法律、法规、方针、政策，并制定本部门、本行业实施的具体办法；

（二）制定本部门、本行业的标准化工作规划、计划；

（三）承担国家下达的草拟国家标准的任务，组织制定行业标准；

（四）指导省、自治区、直辖市有关行政主管部门的标准化工作；

（五）组织本部门、本行业实施标准；

（六）对标准实施情况进行监督检查；

（七）经国务院标准化行政主管部门授权，分工管理本行业的产品质量认证工作。

二、关于标准的制定和有效性方面的规定

《标准化法实施条例》第十二条　国家标准由国务院标准化行政主管部门编制计划，组织草拟，统一审批、编号、发布。

工程建设、药品、食品卫生、兽药、环境保护的国家标准，分别由国务院工程建设主管部门、卫生主管部门、农业主管部门、环境保护主管部门组织草拟、审批；其编号、发布办法由国务院标准化行政主管部门会同国务院有关行政主管部门制定。

法律对国家标准的制定另有规定的，依照法律的规定执行。

《标准化法实施条例》第十三条　没有国家标准而又需要在全国某个行业范围内统一的技术要求，可以制定行业标准(含标准样品的制作)。制定行业标准的项目由国务院有关行政主管部门确定。

《标准化法实施条例》第十四条　行业标准由国务院有关行政主管部门编制计划、组织草拟，统一审批、编号、发布，并报国务院标准化行政主管部门备案。

行业标准在相应的国家标准实施后，自行废止。

《标准化法实施条例》第十五条　对没有国家标准和行业标准而又需要在省、自治区、直辖市范围内统一的工业产品的安全、卫生要求，可以制定地方标准。制定地方标准的项目，由省、自治区、直辖市人民政府标准化行政主管部门确定。

《标准化法实施条例》第十六条　地方标准由省、自治区、直辖市人民政府标准化行政主管部门编制计划，组织草拟，统一审批、编号、发布，并报国务院标准化行政主管部门和国务院有关行政主管部门备案。

法律对地方标准的制定另有规定的,依照法律的规定执行。地方标准在相应的国家标准和行业标准实施后,自行废止。

《标准化法实施条例》第十七条　企业生产的产品没有国家标准、行业标准和地方标准的,应当制定相应的企业标准,作为组织生产的依据。企业标准由企业组织制定(农业企业标准制定办法另定),并按省、自治区、直辖市人民政府的规定备案。

对已有国家标准、行业标准或者地方标准的,鼓励企业制定严于国家标准、行业标准或者地方标准要求的企业标准,在企业内部适用。

《标准化法实施条例》第十八条　国家标准、行业标准分为强制性标准和推荐性标准。

下列标准属于强制性标准:

(一)药品标准,食品卫生标准,兽药标准;

(二)产品及产品生产、储运和使用中的安全、卫生标准,劳动安全、卫生标准,运输安全标准;

(三)工程建设的质量、安全、卫生标准及国家需要控制的其他工程建设标准;

(四)环境保护的污染物排放标准和环境质量标准;

(五)重要的通用技术术语、符号、代号和制图方法;

(六)通用的试验、检验方法标准;

(七)互换配合标准;

(八)国家需要控制的重要产品质量标准。

国家需要控制的重要产品目录由国务院标准化行政主管部门会同国务院有关行政主管部门确定。

强制性标准以外的标准是推荐性标准。

省、自治区、直辖市人民政府标准化行政主管部门制定的工业产品的安全、卫生要求的地方标准,在本行政区域内是强制性标准。

三、关于标准的实施与监督方面的规定

《标准化法实施条例》第十九条　制定标准应当发挥行业协会、科学技术研究机构和学术团体的作用。

制定国家标准、行业标准和地方标准的部门应当组织由用户、生产单位、行业协会、科学技术研究机构、学术团体及有关部门的专家组成标准化技术委员会,负责标准草拟和参加标准草案的技术审查工作。未组成标准化技术委员会的,可以由标准化技术归口单位负责标准草拟和参加标准草案的技术审查工作。

制定企业标准应当充分听取使用单位、科学技术研究机构的意见。

四、关于法律责任方面的规定

《标准化法实施条例》第三十九条　标准化工作的监督、检查、管理人员有下列行为之一的,由有关主管部门给予行政处分,构成犯罪的,由司法机关依法追究刑事责任:

(一)违反条例规定,工作失误,造成损失的;

(二)伪造、篡改检验数据的;

(三)徇私舞弊、滥用职权的,索贿受贿的。

第四节 产品质量法

《中华人民共和国产品质量法》(以下简称《产品质量法》)由总则、产品质量的监督、生产者的产品质量责任和义务、销售者的产品质量责任和义务、损害赔偿、罚款、附则组成。本节主要介绍本法与工程建设相关条款的运用解释。

一、总则

总则强调了立法的目的、适用范围。

第一条 为了加强对产品质量的监督管理,提高产品质量水平,明确产品质量责任,保护消费者的合法权益,维护社会经济秩序,制定本法。

第二条 在中华人民共和国境内从事产品生产、销售活动,必须遵守本法。

本法所称产品是指经过加工、制作,用于销售的产品。

建设工程不适用本法规定;但是,建设工程使用的建筑材料、建筑构配件和设备,属于前款规定的产品范围的,适用本法规定。

由第二条规定可以看出,交通建设工程中的公路、桥梁、隧道、码头等永久性设施,不适用产品质量法,但建设过程中所用到的原材料,如钢筋、水泥、外加剂等材料适用产品质量法。

第八条 国务院产品质量监督管理部门主管全国产品质量监督管理工作。国务院有关部门在各自的职责范围内负责产品质量监督工作。

县级以上地方市场监督管理部门主管本行政区域内的产品质量监督工作。县级以上地方人民政府有关部门在各自的职责范围内负责产品质量监督工作。

法律对产品质量的监督部门另有规定的,依照有关法律的规定执行。

二、产品质量的监督管理规定

第十二条 产品质量应当检验合格,不得以不合格产品冒充合格产品。

第十九条 产品质量检验机构必须具备相应的检测条件和能力,经省级以上人民政府市场监督管理部门或者其授权的部门考核合格后,方可承担产品质量检验工作。法律、行政法规对产品质量检验机构另有规定的,依照有关法律、行政法规的规定执行。

第二十一条 产品质量检验机构、认证机构,必须依法按照有关标准,客观、公正地出具检验结果或认证证明。

第二十五条 市场监督管理部门或者其他国家机关以及产品质量检验机构不得向社会推荐生产者的产品;不得以对产品进行监制、监销等方式参与产品经营活动。

第三十二条 生产者生产产品,不得掺杂、掺假,不得以假充真、以次充好,不得以不合格产品冒充合格产品。

三、损害赔偿规定

第四十二条 由于销售者的过错使产品存在缺陷,造成人身、他人财产损害的,销售者应当承担赔偿责任。

销售者不能指明缺陷产品的生产者也不能指明缺陷产品的供货者的,销售者应当承担赔偿责任。

第四十三条 因产品存在缺陷造成人身、他人财产损害的,受害人可以向产品的生产者要求赔偿,也可以向产品的销售者要求赔偿。属于产品的生产者的责任,产品的销售者赔偿的,产品的销售者有权向产品的生产者追偿。属于产品的销售者的责任,产品的生产者赔偿的,产品的生产者有权向产品的销售者追偿。

第四十四条 因产品存在缺陷造成受害人人身伤害的,侵害人应当赔偿医疗费、治疗期间的护理费、因误工减少的收入等费用;造成残疾的,还应当支付残疾者生活自助具费、生活补助费、残疾赔偿金以及由其扶养的人所必需的生活费等费用;造成受害人死亡的,并应当支付丧葬费、死亡赔偿金以及由死者生前扶养的人所必需的生活费等费用。

因产品存在缺陷造成受害人财产损失的,侵害人应当恢复原状或者折价赔偿。受害人因此遭受其他重大损失的,侵害人应当赔偿损失。

第四十六条 本法所称缺陷,是指产品存在危及人身、他人财产安全的不合理的危险;产品有保障人体健康和人身、财产安全的国家标准、行业标准的,是指不符合该标准。

第四十七条 因产品质量发生民事纠纷时,当事人可以通过协商或者调解解决。当事人不愿通过协商、调解解决或者协商、调解不成的,可以根据当事人各方的协议向仲裁机构申请仲裁;当事人各方没有达成仲裁协议或者仲裁协议无效的,可以直接向人民法院起诉。

第四十八条 仲裁机构或者人民法院可以委托本法第十九条规定的产品质量检验机构,对有关产品质量进行检验。

第五十七条 产品质量检验机构、认证机构伪造检验结果或出具虚假证明的,责令改正,对单位处五万元以上十万元以下的罚款,对直接负责的主管人员和其他直接责任人员处一万元以上五万元以下的罚款;有违法所得的,并处没收违法所得,情节严重的,取消其检验资格、认证资格;构成犯罪的,依法追究刑事责任。

产品质量检验机构、认证机构出具的检验结果或者证明不实,造成损失的,应当承担相应的赔偿责任,造成重大损失的,撤销其检验资格、认证资格。

产品质量认证机构违反本法第二十一条第二款的规定,对不符合认证标准而使用认证标志的产品,未依法要求其改正或者取消其使用认证标志资格的,对因产品不符合认证标准给消费者造成的损失,与产品的生产者、销售者承担连带责任;情节严重的,撤销其认证资格。

第六十七条 市场监督管理部门或者其他国家机关违反本法第二十五条的规定,向社会推荐生产者的产品或者以监制、监销等方式参与产品经营活动的,由其上级机关或者监察机关责令改正,消除影响,有违法收入的予以没收;情节严重的,对直接负责的主管人员和其他直接责任人员依法给予行政处分。

产品质量检验机构有前款所列违法行为的,由市场监督管理部门责令改正,消除影响,有违法收入的予以没收,可以并处违法收入一倍以下的罚款;情节严重的,撤销其质量检验资格。

由以上所涉及的相关法律条款表明,为社会提供公证数据的产品质量检验机构必须获得省级以上人民政府计量行政部门的计量认证证书,而质量技术监督系统依法设置或依法授权的产品质量监督检验机构必须获得省级以上人民政府产品质量监督管理部门审查认可(验收)的授权证书。交通行业为第三方提供公证数据的检验机构必须获得计量认证证书方可从事检验活动。

第五节　建设工程质量管理条例

《建设工程质量管理条例》(中华人民共和国国务院令第279号)发布规定,从事建设工程的新建、扩建、改建等有关活动及实施对建设工程质量监督管理的,必须遵守本条例。2019年4月23日中华人民共和国国务院令(2019年第714号)对《建设工程质量管理条例》进行了修订。该条例由总则,建设单位的质量责任和义务,勘察、设计单位的质量责任和义务,施工单位的质量责任和义务,工程监理单位的质量责任和义务,建设工程质量保修,监督管理,罚则,附则组成,以下就相关条款进行阐述。

一、《建设工程质量管理条例》的适用范围

第一条　为了加强对建设工程质量的管理,保证建设工程质量,保护人民生命和财产安全,根据《中华人民共和国建筑法》,制定本条例。

第二条　凡在中华人民共和国境内从事建设工程的新建、扩建、改建等有关活动及实施对建设工程质量监督管理的,必须遵守本条例。

本条例所称建设工程,是指土木工程、建筑工程、线路管道和设备安装工程及装修工程。

第五条　从事建设工程活动,必须严格执行基本建设程序,坚持先勘察、后设计、再施工的原则。

县级以上人民政府及其有关部门不得超越权限审批建设项目或者擅自简化基本建设程序。

二、建设单位的质量责任和义务的规定

第十条　建设工程发包单位不得迫使承包方以低于成本的价格竞标,不得任意压缩合理工期。

建设单位不得明示或者暗示设计单位或者施工单位违反工程建设强制性标准,降低建设工程质量。

第十三条　建设单位在开工前,应当按照国家有关规定办理工程质量监督手续,工程质量监督手续可以与施工许可证或者开工报告合并办理。

第十六条　建设单位收到建设工程竣工报告后,应当组织设计、施工、工程监理等有关单位进行竣工验收。

建设工程竣工验收应当具备下列条件:

(一)完成建设工程设计和合同约定的各项内容;
(二)有完整的技术档案和施工管理资料;
(三)有工程使用的主要建筑材料、建筑构配件和设备的进场试验报告;
(四)有勘察、设计、施工、工程监理等单位分别签署的质量合格文件;
(五)有施工单位签署的工程保修书。

建设工程经验收合格的,方可交付使用。

第十七条　建设单位应当严格按照国家有关档案管理的规定,及时收集、整理建设项目各环节的文件资料,建立、健全建设项目档案,并在建设工程竣工验收后,及时向建设行政主管部

门或者其他有关部门移交建设项目档案。

三、施工单位的质量责任和义务的规定

第二十九条 施工单位必须按照工程设计要求、施工技术标准和合同约定,对建筑材料、建筑构配件、设备和商品混凝土进行检验,检验应当有书面记录和专人签字;未经检验或者检验不合格的,不得使用。

第三十条 施工单位必须建立、健全施工质量的检验制度,严格工序管理,作好隐蔽工程的质量检查和记录。隐蔽工程在隐蔽前,施工单位应当通知建设单位和建设工程质量监督机构。

第三十一条 施工人员对涉及结构安全的试块、试件以及有关材料,应当在建设单位或者工程监理单位监督下现场取样,并送具有相应资质等级的质量检测单位进行检测。

第三十二条 施工单位对施工中出现质量问题的建设工程或者竣工验收不合格的建设工程,应当负责返修。

第三十三条 施工单位应当建立、健全教育培训制度,加强对职工的教育培训;未经教育培训或者考核不合格的人员,不得上岗作业。

四、工程监理的质量责任和义务规定

第三十八条 监理工程师应当按照工程监理规范的要求,采取旁站、巡视和平行检验等形式,对建设工程实施监理。

五、监督管理

第四十三条 国家实行建设工程质量监督管理制度。

国务院建设行政主管部门对全国的建设工程质量实施统一监督管理。国务院铁路、交通、水利等有关部门按照国务院规定的职责分工,负责对全国的有关专业建设工程质量的监督管理。

县级以上地方人民政府建设行政主管部门对本行政区域内的建设工程质量实施监督管理。县级以上地方人民政府交通、水利等有关部门在各自的职责范围内,负责对本行政区域内的专业建设工程质量的监督管理。

第四十四条 国务院建设行政主管部门和国务院铁路、交通、水利等有关部门应当加强对有关建设工程质量的法律、法规和强制性标准执行情况的监督检查。

第六节 《公路水运工程试验检测管理办法》概述

《公路水运工程试验检测管理办法》(以下简称《办法》),由总则、检测机构等级评定、试验检测活动、监督检查、附则组成。全面阐述了检测机构专业分类、等级设立、等级评定、检测活动、监督检查、人员资格、工地试验室的管理等内容,明确了适用范围,规定从事公路水运工程试验检测活动应当遵守该办法。

一、公路水运工程试验检测机构类型、专业、等级设置规定

《办法》依据有关法律法规,针对公路水运工程建设特点,规定了检测机构类型、专业及等级设置,建立了检测机构等级评定制度。等级评定是一种必要的行业引导和管理手段。检测机构按其能力水平进行等级管理,同时明确能力等级划分原则是以保证能胜任与所从事的公路水运工程相适应为准。《办法》第六条规定,公路水运检测机构分为公路工程、水运工程两个专业类别。

公路工程专业分为综合类和专项类,水运工程专业分为材料类和结构类。

公路工程综合类设甲、乙、丙3个等级,专项等级分为交通工程、桥梁隧道工程两个专项。

水运工程材料类分为甲、乙、丙3个等级,结构类设甲、乙两个等级。

公路水运工程试验检测机构类别、专业、等级设置详见表1-1。

公路水运工程试验检测机构类别、专业、等级设置　　　　　表1-1

专　业	类　别	等　级	评　定
公路工程	综合类	甲级	部质量监督机构
		乙级	省级交通质监机构
		丙级	省级交通质监机构
	专项类	交通工程	部质量监督机构
		桥梁隧道工程	部质量监督机构
水运工程	材料类	甲级	部质量监督机构
		乙级	省级交通质监机构
		丙级	省级交通质监机构
	结构类	甲级	部质量监督机构
		乙级	省级交通质监机构

检测机构等级是依据检测机构的公路水运工程试验水平、主要试验检测仪器设备及检测人员的配备情况、试验检测环境等基本条件对检测机构进行的能力划分。

检测机构等级的设置充分考虑了公路水运工程建设的需要,设置了满足基本检测要求的低等级试验室,也满足了检测需要的综合性和专业的专项检测机构,避免大而全的检测机构数量过多,既浪费资源,也不利于检测机构根据实际需要专业做大做强。

检测机构等级的差异只反映检测参数的多少,并不代表其检测水平的高低。无论等级高低,其提供的检测数据都应准确,可靠,对相同的检测参数其检测结论应一致。如公路综合甲级与丙级同时具备对土的检测能力,两者之间的差异是检测参数的不同,对同一样品进行相同指标的检测,其检测数据应是一致或相近的。

《办法》中设置的等级所需满足的人员、环境条件以及相应的检测能力要求见《公路水运工程试验检测机构等级标准》。

二、试验检测机构等级评定

部质量监督机构负责公路工程综合类甲级、公路工程专项类和水运工程材料类及结构类甲级的等级评定工作。

省级交通质监机构负责公路工程综合类乙、丙级和水运工程材料类乙、丙级,水运工程结

构类乙级的等级评定工作。

当检测机构申请增项的参数属于部质量监督机构负责评审的等级范围时,也是部质量监督机构负责评审工作。

检测机构取得相应等级证书后升级的,需满足两个方面的需求:

(1)取得试验检测机构等级证书满一年。

(2)检测机构正常运行,具有相应的检测业绩。

第十条 公路水运工程试验检测机构的等级评定工作分为受理、初审、现场评审3个阶段。

目前试验检测机构等级申报受理后,需要填报申报信息系统,为机构申报等级提供了方便。

三、试验检测活动方面的规定

第十九条《公路水运工程试验检测机构等级证书》(下称《等级证书》)有效期为5年。《等级证书》期满后拟继续开展公路水运工程试验检测业务的,检测机构应提前3个月向原发证机构提出换证申请。

第二十二条 换证复核合格的,予以换发新的《等级证书》。不合格的,质监机构应当责令其在6个月内进行整改,整改期内不得承担质量评定和工程验收的试验检测业务。整改期满仍不能达到规定条件的,质监机构根据实际达到的试验检测能力条件重新作出评定,或者注销《等级证书》。

换证复核结果应当向社会公布。

第二十三条 检测机构名称、地址、法定代表人或者机构负责人、技术负责人等发生变更的,应当自变更之日起30日内到原发证质监机构办理变更登记手续。

第二十四条 检测机构停业时,应当自停业之日起15日内向原发证机构办理《等级证书》注销手续。

第二十八条 取得《等级证书》,同时按照《计量法》的要求经过计量行政部门考核合格,通过计量认证的检测机构,可向社会提供试验检测服务。

第二十九条 公路水运工程质量事故鉴定、大型水运工程项目和高速公路项目验收的质量检定检测,质监机构应当委托通过计量认证并具有甲级或者相应专项能力等级的检测机构承担。

事故鉴定是对社会或司法部门作出的公正数据;高速公路、大型水运工程质量鉴定需要有较高的综合实力,既包括质量运行体系,也包括专业检测能力,所以作了两方面的要求。

第三十条 取得《等级证书》的检测机构,可设立工地临时试验室,承担相应公路水运工程的检测业务,并对其试验检测结果承担责任。

工程所在地省级交通质监机构应当对工地临时试验室进行监督。

从事交通试验检测的机构必须取得相应的等级证书,设立工地试验室的前提是母体取得等级证书,工地试验室检测范围不得超出母体的检测范围。凡是工地试验室的母体不具备《等级证书》的,其所出的数据将不作为公路水运工程质量评定和工程验收的依据,质监机构将不予以认可。

第三十三条 检测机构应当建立样品管理制度,提倡盲样管理。

所谓盲样管理,就是指在试验检测过程中,试验检测员不知道样品的委托单位、工程名称、强度等级或标号等,这些具体信息只有收样人和样品管理员知道,而收样人和样品管理员不得参与试验检测工作,从而杜绝了试验检测人员伪造数据等现象的发生,保证试验检测过程的科学、公正、公平和试验检测结果准确性的一种管理方法。盲样管理是对样品实施管理的一种方式,在实施样品的检测时,需要提供完成检测所必需的信息。

  第三十七条 检测机构依据合同承担公路水运工程试验检测业务,不得转包,违规分包。
  为保障检测机构公正、公平地开展检测工作,检测机构在同一公路水运工程项目标段中。不得同时接受业主、监理、施工等多方的试验检测委托。
  第四十一条 检测人员不得同时受聘于两家及以上检测机构,不得借工作之便推销建设材料,构配件和设备。

  四、监督检查方面规定

  第四十七条 质监机构在监督检查中发现检测机构有违反本规定行为的,应当予以警告、限期整改,情节严重的列入违规记录并予以公示,质监机构不再委托其承担检测业务。
  第四十八条 质监机构在监督检查中发现检测人员违反本办法的规定,出具虚假试验检测数据或报告的,应当给予警告,情节严重的列入违规记录并予以公示。
  对试验检测的处罚包括两部分:一是对检测机构的处罚,二是对检测人员的处罚。对检测机构的处罚包括警告、限期整改,公示直至注销等级。整改期间不得从事等级证书规定的业务。被降低等级的检测机构1年内不得申报升级。被注销等级的检测机构,2年内不得再次申报。对检测人员的处罚包括警告、公示直至注销考试合格证书。被注销考试合格证书的检测人员2年内不得再次参加考试。

思考与练习

  1. 计量单位有哪些分类?我国计量工作采取哪一类计量单位?请按照类别分别列举出10种你熟悉的计量单位。
  2. 我国的标准分为哪几类?公路工程建设项目建设过程中使用的标准属于其中哪一类?为什么?
  3. 公路工程项目建设过程中,建设单位、施工单位、监理单位各自的责任和义务分别有哪些?
  4. 公路工程试验检测机构分为哪几类?每一类分别设置哪几个等级?每一个等级的试验检测机构由哪个部门进行评定?
  5. 公路工程试验检测机构取得相应等级证书后需要升级的,需具备哪些条件?
  6. 公路工程试验检测机构哪些方面发生变更时,应当自变更之日起30日内到原发证质监机构办理变更登记手续?
  7. 试验检测的处罚包括哪几部分?分别包含哪些内容?

第二章　公路工程检测机构与人员管理

> **学习目标**
>
> (1) 了解公路试验检测机构信用评价。
> (2) 掌握试验检测机构人员要求。

交通运输部于 2017 年 8 月 4 日以交安监发〔2017〕113 号文印发了修订后的《公路水运工程试验检测机构等级标准》(以下简称《等级标准》)及《公路水运工程试验检测机构等级评定及换证复核工作程序》,新版《等级标准》对试验检测机构的检测项目、参数、仪器设备配置,持证人员数量及专业要求,以及检测用房、检测环境等内容进一步做出了明确规定。

第一节　公路工程检测机构和人员信用评价

公路水运工程试验检测行业关系到国家和人民生命、财产的安全,其信用状况尤为重要。信用是职业道德的体现,是一个行业发展到一定阶段所必须面对的问题。在公路水运试验检测市场蓬勃发展之际,交通运输部于 2018 年 7 月出台《公路水运工程试验检测信用评价办法》(以下简称《信用评价办法》),通过建立行业信用体系,来加强公路水运试验检测管理和诚信建设,引导和监控试验检测市场和试验检测行为,树立检测机构讲诚信的风气。

一、信用评价的主要内容

《信用评价办法》由 5 章正文和 7 个附件组成。正文规定了信用评价范围及评价程序,主要包含总则、试验检测机构信用评价、试验检测人员信用评价、信用评价管理、附则。附件主要包含机构信用评价标准、工地试验室及现场检测项目信用评价标准、人员信用评价标准、试验检测机构信用评价综合得分计算方法、试验检测机构年度信用评价表、工地试验室及现场检测项目年度信用评价表和试验检测人员信用评价表 7 项内容。

二、评价范围

《信用评价办法》第二条　本办法所称信用评价是指交通运输主管部门对持有公路水运试验检测师或助理试验检测师(试验检测工程师或试验检测员)资格证书的试验检测从业人员(以下简称检测人员)和取得公路水运工程试验检测等级证书并承担公路水运工程试验、检测及监测业务的试验检测机构的从业承诺履行状况等诚信行为的综合评价。

1. 评价对象

持有公路水运试验检测工程师或助理检测工程师的试验检测从业人员;取得公路水运工程试验检测等级证书的检测机构。

2. 评价范围

公路水运工程质量鉴定、验收、评定(检测)、监测及第三方试验检测业务。各省应根据实际情况确定评价范围。

三、评价方法及程序

1. 检测机构的评价方法

《信用评价办法》第六条　试验检测机构的信用评价实行综合评分制。试验检测机构设立的工地试验室(以下简称工地试验室)及单独签订合同承担的工程试验、检测及监测等现场试验检测项目(以下简称现场检测项目)的信用评价,是信用评价的组成部分。

即试验检测机构对外派的工地试验室有连带责任,工地试验室数量越多,其信用评价的风险也越大。综合评价的计算公式如下:

$$W = W'(1-\gamma) + \frac{\gamma}{n} \cdot \sum_{i=1}^{n} W''_i \quad (2-1)$$

式中:W——试验检测机构信用评价综合得分;

　　　W'——母体机构得分;

　　　W''_i——工地试验室及现场检查项目得分;

　　　n——工地试验室及现场检测项目数;

　　　γ——权重,$n=0$ 时,$\gamma=0$;$n=1\sim5$ 时,$\gamma=0.4$;$n=6\sim10$ 时,$\gamma=0.08\times n$;$n>10$ 时,$\gamma=0.8$。

试验检测机构、工地试验室及现场检测项目的评价采用扣分制。基准分为100分。具体扣分内容见《信用评价办法》。

2. 人员的信用评价方法

人员的信用评价试行随机检查累计扣分制。在评价周期内,试验检测人员在不同项目和不同工作阶段发生的违规行为试行累计扣分。一个具体行为涉及两项以上违规行为的,以扣分标准高者为准。具体扣分内容见《公路水运工程试验检测机构信用评价标准》。

评价周期内:20分≤人员累计扣分分值<40分,属于信用较差;人员累计扣分分值≥40分,属信用很差。

连续2年被评为信用较差的人员,其当年信用等级为信用差。

被确定为信用差的试验检测人员列入黑名单。

伪造证书信用评价为很差,列入黑名单。

3. 试验检测机构信用等级的划分

《信用评价办法》第八条　试验检测机构信用评价分为 AA、A、B、C、D 五个等级,评分对应的信用等级分别为:

AA级:信用评分≥95分,信用好;

A级:85分≤信用评分<95分,信用较好;

B级:70分≤信用评分<85分,信用一般;

C级:60分≤信用评分<70分,信用较差;

D级:信用评分<60分或直接确定为D级,信用差。

被评为D级的试验检测机构直接列入黑名单,并按《公路水运工程试验检测管理办法》等相关规定予以处理。

对被直接确定为D级的试验检测机构应当及时公布。

4. 试验检测机构及人员评定程序

（1）试验检测机构应于次年1月中旬前完成信用评价自评，并将自评表报其注册地的省级质监机构。

（2）工地试验室及现场检测项目，未完工的应于当年12月底前、已完工的应于项目完工时完成信用评价自评，并将自评表报项目业主；项目业主根据项目管理过程中所掌握的情况提出评价意见，于次年1月中旬前将工地试验室及现场检测项目的评价意见及扣分依据材料以及发现的母体试验检测机构的失信行为报负责该项目监督的质监机构，项目业主应对评价意见的客观性负责；质监机构根据业主评价意见结合日常监督情况进行评价，评价结果于1月底前报省级交通质监机构。

（3）省级交通质监机构对工地试验室及现场检测项目信用评价结果进行复核评价。工地试验室及现场检测项目的母体试验检测机构为外省区注册的，信用评价结果经省级交通运输主管部门审核后于2月上旬前转送其注册地省级质监机构。

省级质监机构对在本省注册的试验检测机构信用进行综合评分。属交通运输部发布范围的试验检测机构信用评价结果及相关资料，经省级交通运输主管部门审核后于3月中旬前报送部质监机构。属本省发布范围的试验检测机构的信用评价结果，由省级交通运输主管部门审定后于4月底前完成公示、公布。

（4）属交通运输部发布范围的试验检测机构信用评价结果，由部质监机构在汇总各省信用评价结果的基础上，结合掌握的相关信用信息进行复核评价，于4月底前在"信用交通"网站等交通运输主管部门指定的渠道上向社会统一公示、公布。

《信用评价办法》第十条　质监机构用于复核评价的不良信用信息采集每年至少1次且要覆盖到评价标准的所有项。评价依据包括：

1. 检测机构自评情况；
2. 各级交通运输主管部门、质监机构开展事中事后监管活动和建设单位、监理单位在工程建设管理中发现的失信行为；
3. 投诉举报查实的违规行为；
4. 交通运输主管部门或质监机构通报批评或行政处罚的失信行为；
5. 等级评定、换证复核中发现的失信行为；
6. 检测机构及其设立的工地试验室在各级质监机构、行业组织开展的比对试验活动中出现的失信行为；
7. 相关交通运输管理部门在公共信用信息服务平台中发布的有关行政处罚行为。

各级质监机构开展的监督检查中发现的违规行为、投诉举报查实的违规行为、交通运输主管部门通报批评中的违规行为均作为对试验检测机构、工地试验室及现场检测项目信用的评价依据。

信用检查结果应有检查人员的签字确认，多次发现的问题可累计扣分。

上一级质监机构应当对下一级质监机构所负责评价的试验检测机构、工地试验室及现场检测项目进行随机抽查复核。

四、信用评价实施及结果发布

《信用评价办法》第四条　交通运输部负责公路水运工程试验检测机构和人员信用评价工作的统一管理。负责持有试验检测师（试验检测工程师）资格证书的检测人员和取得公路水运甲级(专项)等级证书并承担高速公路、独立特大桥、长大隧道及大中型水运工程试验、检测及监测业务试验检测机构的信用评价和信用评价结果的发布。交通运输部所属的质量监督机构(以下简称部质监机构)负责信用评价的具体组织实施工作。

省级交通运输主管部门负责在本行政区域内从事公路水运工程试验检测业务的试验检测业务的持有助理试验检测师(试验检测员)资格证书的检测人员和乙级、丙级试验检测机构信用评价工作的管理。省级交通运输主管部门所属的质量监督机构(以下简称省级质监机构)负责信用评价的具体组织实施工作。

上一级质监机构应当对下一级质监机构信用评价工作进行监督检查。

在本省注册,属交通运输部发布范围的试验检测机构和试验检测工程师信用评价结果经省级交通运输主管部门审核后报部质监机构。

在本省注册的试验检测员和取得公路水运乙级、丙级等级证书并承担工程质量鉴定、验收、评定(检验)、监测及第三方试验检测业务的试验检测机构,及根据本省实际确定的其他范围的试验检测机构的信用评价结果,由省级交通运输主管部门审定后发布。

《信用评价办法》第五条　信用评价周期为1年,评价的时间段从1月1日至12月31日。评价结果定期公示、公布。

五、信用评价标准释义

《信用评价办法》明确规定:公路水运工程试验检测机构信用评价标准有24项失信行为,公路水运工程工地试验室及现场检测项目信用评价标准有20项失信行为,公路水运工程试验检测人员信用评价标准有15项失信行为。以下将逐条阐述各条款的含义。

1. 公路水运工程试验检测机构信用评价标准(24项失信行为,行为代码JJC201001~JJC201024)

(1) JJC201001　出借或借用试验检测等级证书承揽试验检测业务的。

指利用(或允许利用)非本试验检测机构的试验检测等级证书进行试验检测业务承揽,或被证实在试验检测业务承揽活动中挂靠他人(或允许他人挂靠)试验检测机构参与不正当投标行为。被证实有上述行为的双方试验检测机构将在信用评价时均被"直接确定为D级"。

(2) JJC201002　以弄虚作假或其他违法形式骗取等级证书或承接业务的。

指试验检测机构通过虚列持证检测人员,制作假证,为应付评审而借用强制性设备,借用其他检测机构的试验场地、虚报业绩等弄虚作假甚至违法行为的方式骗取等级证书(或承接业务)的。被证实有上述行为的双方试验检测机构将在信用评价时均被"直接确定为D级"。

(3) JJC201003　出具虚假数据报告并造成质量标准降低的。

工程质量降低达不到合格标准、形成事故隐患需要返工以及造成质量安全事故、经检查发现检测机构事故前对其出具虚假报告,误导工程质量控制措施,导致工程质量降低。被证实有上述行为的双方试验检测机构将在信用评价时均被"直接确定为D级"。

(4) JJC201004　所设立的工地试验室及现场检测项目,其中有一个得分为0分即说明监管不力。

被证实有上述行为的双方试验检测机构将在信用评价时均被"直接确定为D级"。

(5) JJC201005　存在虚假数据报告及其他虚假资料。

存在虚假数据和报告的几种情况:

①报告中,数据、结论与原始记录严重不一致。

②多组试验时,数据明显雷同的。

③在记录所反映出的时间段内,不可能完成相应工作量的。

④为满足检测频率要求而编造数据报告的,但未认定达到JJC201003的可适用本条。

为避免在该项扣分一次性被扣至0分,特规定了对该项失信行为一次检查扣分的上限为50分。一次扣分达到50分的,检查部门要在3个月以内对上次检查后检测机构出具的数据报告及资料进行复查,如发现仍有类似行为,则在上次扣分的基础上进行累计扣分。

(6)JJC201006 超等级能力范围承揽业务的。

机构应在等级证书限定的参数范围内开展业务,超出批准等级标准限定的参数范围,且在《等级标准》列表中有的参数,扣5分。

超出《等级标准》列表中的参数范围的,但机构经计量认证通过的参数范围里有,同时试验检测报告未加盖交通试验检测专用标识章的,不扣分。

超出《等级标准》列表中的参数范围的试验检测报告加盖了交通试验检测专用标识章的,扣分。

总之,试验检测机构是否超出业务范围是由出具报告时加盖的印章决定,而与出具什么参数的报告无关。

(7)JJC201007 未对设立的工地试验室及现场检测项目有效监管的。

按工地试验室或"现场检测项目"被评分小于70分的,可视为未进行有效监管。母体检测机构对所设立的工地试验室的管理程序进行监管,明确日常检查内容,对出现的问题需整改闭合,并提供相应记录。未进行有效监管的,扣10分/个。

(8)JJC201008 聘用信用很差或无证试验检测人员从事试验检测工作的,或所聘用的试验检测人员被评为信用很差的,扣10分/人。

从事检测工作是指在试验检测活动中需要签字负责的检测岗位,检测辅助工不在此列。检测人员在该机构工作期间被评为信用很差,说明机构监管不力,应承担相应责任。

(9)JJC201009 报告签字人不具备资格,试验记录、报告存在代签事实的,扣2分/份,单次扣分不超过10分。

报告签字人包括试验人员、审核人、签发人。资格应为取得交通行业检测师或检测员证,并在其证书的专业范围内,否则视为不具备资格。报告签发人未经授权视为不具备资格。

(10)JJC201010 试验检测机构的重要变更(指机构行政负责人,技术、质量负责人,地址等的变更)未在规定期限内办理变更手续,扣5分/次。

(11)JJC201011 评价期内,持证人员数量达不到相应等级要求,扣5分/(试验检测师·次)、3分/(助理试验检测师·次)。

指评审时达到要求,后来因种种原因变动造成未达到《等级标准》要求的。

(12)JJC201012 评价期内,试验检测机构技术负责人、质量负责人上岗资格达不到相应等级要求,扣10分/人。

指评审时达到要求,后来因种种原因变动造成未达到《等级标准》要求的。

(13)JJC201013 评价期内,强制性试验检测设备配备不满足等级标准要求。

指评审时达到要求,后来因种种原因变动造成未达到《等级标准》要求的,必选设备扣10分/台,可选设备扣5分/台。

(14)JJC201014 试验检测设备未按规定检定校准的,扣2分/台,单次扣分不超过20分。

这里分三种情况:

①正常使用中的设备未按时检定或校准；
②检定/校准流于形式，仪器设备不能达到使用要求仍在使用的；
③内部校准仪器设备无校准规程（作业指导书）和记录的。

检定/校准须有依据，检定、校准的设备报告须有数据，具体实施可参照《公路工程试验检测仪器设备检定/校准指导手册》。

(15) JJC201015　试验检测环境达不到技术标准规定要求的，扣4分/处，单次扣分不超过20分。

指不满足《等级标准》（见附录3中的表3）对试验面积的要求，以及标准、规程规定的试验检测环境条件要求的，如：
①对样品制备过程有温湿度要求的；
②对检测前样品放置环境有温湿度要求的；
③对检测过程环境有温湿度要求的；
④一些特殊的环境要求，如安全防护措施、防腐、防有害气体、防电磁干扰等要求。

(16) JJC201016　试验检测原始记录信息及数据记录不全，结论不准确，试验检测报告不完整（含漏签、漏盖章）。

这里共分三类：
①试验检测原始记录信息及数据记录不全；
②结论不准确，包括结论依据不正确的；
③试验检测报告不完整（含漏签、漏盖章）。

按此三类分别扣分，多份报告出现同一类问题最多扣3分。

(17) JJC201017　无故不参加质监机构组织的比对试验等能力验证活动的，扣10分/次。

"参加比对试验"是《办法》对取得等级证书的检测机构的明确要求，检测机构申请取得了检测等级证书，就是对"参加比对试验"进行了承诺，无故不参加，就是一种不遵守承诺的不诚信行为。这里对无故不参加的行为扣分，而对比对试验不合格等能力问题不在此扣分。

(18) JJC201018　存在严重失信行为，作为责任单位被部、省级交通运输及以上有关部门行政处罚的，直接确定为D级。

(19) JJC201019　使用已过期的《等级证书》和专用标识章出具报告的，扣20分。

(20) JJC201020　试验检测结论表述不正确的，扣5分/份。

(21) JJC201021　试验检测记录报告使用标准不正确的，扣5分/类。

(22) JJC201022　参加质监机构组织的比对试验等能力验证活动，结果为不满意的，扣5分/次。

(23) JJC201023　参加质监机构组织的比对试验等能力验证时，无故遮挡或未显示试验数据的，扣15分/次。

(24) JJC201024　对各级交通运输主管部门及质监机构提出的意见整改未闭合的，扣10分/次。

另外，对失信行为的监督复查中，若仍存在同样问题应再次扣分。

2. 公路水运工程工地试验室及现场检测项目信用评价标准（15项失信行为，行为代码JJC202001～JJC202015）

工地实验室及现场检测项目信用评价标准中的JJC202001、JJC202002、JJC202003与试验检测机构信用评价中的JJC201003、JJC201005、JJC201008内容相同，这里不再赘述。

（1）JJC202004　工地试验室或授权负责人未经母体机构有效授权,扣20分。

本项只对工地试验室适用,工地试验室必须有母体机构的规范授权书,其授权书上应盖有机构公章、检测资质标识章,其报告签发人必须经母体机构正式授权,并明确授权范围、时间等。

（2）JJC202005　授权负责人不是母体机构派出人员或长期不在岗的,扣10分。

本项只对工地试验室适用,工地试验室授权负责人是抓好工地试验室工作的关键人,要求必须是母体机构的成员,涉及人事关系的有关事项均应在母体机构中有明确证据。

（3）JJC202006　超出授权范围开展业务,扣5分/参数。

本项只针对工地试验室适用,母体机构应在其等级证书项目参数范围内向工地试验室授权(可参阅JJC201006),工地试验室应在授权范围内开展业务。

（4）JJC202007　未按规定或合同配备相应条件的试验检测人员或擅自变更试验检测人员,扣5分/(试验检测师·次)、3分/(助理试验检测师·次)。

未按合同要求配备符合相应条件和数量的试验检测工程师和试验检测员,或其人员变更未履行程序。

（5）JJC202008、JJC202009、JJC202010 参见JJC201014、JJC201015、JJC201009。

（6）JJC202011　试验检测原始记录及数据记录不全,结论不准确,试验检测报告不完整(含漏签、漏盖章),试验检测频率不满足规范或合同要求,扣3分/类;参见JJC 201016。试验检测频率不满足规范或合同要求是指某工程部位的某项检测参数数量未达到规范规定或检测合同规定的要求。

（7）JJC202012　未按规定上报发现的试验检测不合格事项以及不合格报告,扣10分/次。

未按照有关合同文件或试验室质量手册、程序文件等管理规定上报发现的检测不合格事项以及不合格报告。

（8）JJC202013　对各级监督部门提出的检查意见整改不闭合的,或监督部门认定的监理工程师、项目业主提出的检查意见整改不闭合的,扣10分/项。

本条要求对包括母体试验机构的检查、建设、监理及质监部门的监督检查在内的检查意见的整改并回复,有相关存档资料可查阅。

（9）JJC202015　严重违反试验检测技术规程操作的,扣10分/项。

本条主要针对采用错误的(或错误采用)试验检测方法、仪器设备,任意删减、增加试验检测流程并可能对最终结果造成不良影响的行为。

（10）JJC202016　工地试验室未履行合同擅自撤离工地的,扣100分。

（11）JJC202017　存在严重失信行为,作为责任单位被部、省级交通运输及以上有关部门通报批评或行政处罚的,扣20分/次。

（12）JJC202018　未按规定参加信用评价的,扣40分。

（13）JJC202019　试验样品管理存在人为选择性取样、样品流转工作失控、样品保管条件不满足要求、未按规定留样等不规范行为的,扣5分/项。

（14）JJC202020　试验检测档案管理不规范,扣5分/项。

3.公路水运工程试验检测人员信用评价标准(15项失信行为,行为代码JJC203001～JJC203015)

（1）JJC203001　有关试验检测工作被司法部门认定构成犯罪的,扣40分。

两个条件：
①在试验检测活动中;

②司法部门认定构成犯罪。

（2）JJC203002　出具虚假数据报告并造成质量标准降低的,扣40分。

（3）JJC203003　有以下行为：
①出借或借用试验检测等级证书承揽试验检测业务的,扣40分;
②以弄虚作假或者其他违法形式骗取等级证书或承接业务的,扣40分;
③出具虚假数据报告并造成质量标准降低的,扣20分;
④所设立的工地试验室及现场检测项目有得分为0分的,扣20分。

有以上行为的,对应负领导责任的相应负责人进行处理。

（4）JJC203004　同时受聘于两个或两个以上试验检测机构的,扣20分。

这里所说的两家以上(含两家)检测机构,同时也包含在一家母体机构同一时间段内在两家及两家以上的工地试验室任职。

（5）JJC203005　授权检测工地人员资料虚假,出借试验检测人员资格证书的,扣40分/次。

允许其他单位使用期资格证书用于招投标、承揽试验检测业务、申请试验检测机构等级等行为的。

（6）JJC203006　在试验检测工作中,有徇私舞弊、吃拿卡要行为,扣20分/次。

检测人员应严守职业道德和工作程序,独立开展监测工作,保证试验检测数据科学、客观、公正,并对试验检测结果承担法律责任。

（7）JJC203007　利用工作之便推销建筑材料、构配件和设备的,扣20分/次。

检测人员不得借工作之便推销建设材料、构配件和设备。该条款必须经查实。

（8）JJC203010　未按相关标准、规范、试验规程等要求开展试验检测工作,试验检测数据失真的,扣5分/项。该条款分为以下两种情况：
①检测使用标准规范等与委托任务要求不一致;
②对使用标准规范的理解、操作错误或操作水平达不到其要求,造成数据不正确的。

（9）JJC203011　超出《等级证书》中规定项目范围进行试验检测活动并使用专用章标识的,扣5分/项。

持证人员应在其专业范围内从事试验检测活动。

（10）JJC203012　出具虚假数据和报告的,扣10分/份。

存在虚假数据和报告的几种情况：
①报告中,数据、结论与原始记录严重不一致。
②多组试验时,数据明显雷同的。
③在记录所反映出的时间段内,不可能完成相应工作量的。
④为满足检测频率要求而编造数据报告的,但未达到JJC203002的可适用条款的。

出具虚假数据和报告的,应对直接责任人进行处理。

（11）JJC203013　越权签发、代发、漏签试验检测报告的,扣5分/类。

关于试验检测机构、工地试验室及现场检测项目、试验检测人员失信行为每项的扣分标准参见《公路水运工程安全生产监督管理办法》。

（12）JJC203014　工地试验室信用评价得分＜70分时,对其授权负责人的处理：工地试验室信用评价得分＜70分,属于信用较差或信用很差,授权负责人要负主要责任,扣20分;仅适用于工地试验室授权负责人。

(13) JJC203015 工地试验室有JJC202002、JJC2020003、JJC202006、JJC202012、JJC202015项行为时,对其授权负责人的处理:这些失信行为都是授权责任人管理不善造成的,未履行授权负责人责任制,授权负责人要负主要责任;仅适用于工地试验室授权负责人。JJC202002、JJC202003属严重的失信行为,每项扣5分,其余扣3分。

第二节　公路工程试验检测机构等级评定

公路工程试验检测机构是指依据国家有关法律、法规的规定,依据相应技术标准、规范、规程等,对公路工程所涉及材料、制品、实体等有关参数进行试验、检测的专业机构。为确保公路工程试验检测机构等级评定工作科学、公正、规范,根据《公路水运工程试验检测管理办法》(交通运输部令2016年第80号),交通运输部发布了《公路水运工程试验检测机构等级评定及换证复核工作程序》(以下简称《工作程序》)(交安监发〔2017〕113号),明确等级评定及换证复核工作程序及"三统一"规定,即"统一工作要求、统一工作程序、统一评审方法",为实现等级评定工作的规范化、标准化奠定了基础。为了保障全国评审工作步调一致,准确落实评审要求,减少评审结果的差异,交通运输部办公厅于2018年4月10日发布《关于公路水运试验检测机构等级评定工作有关事项的通知》(交办安监函〔2018〕549号),针对评审过程中可能会产生差异的条款做了进一步明确,为进一步实现评审工作全国一盘棋,实现评审工作"公平、公正、统一"夯实基础。

一、公路工程试验检测机构等级评定准备工作

1. 公路工程试验检测机构的环境要求

根据新版《等级标准》规定,公路工程试验检测机构的环境要求详见表2-1。

公路工程试验检测环境要求表　　表2-1

项目	综合甲级	综合乙级	综合丙级	交通工程专项	桥梁隧道工程专项
试验检测用房使用面积(不含办公面积)(m²)	≥1000	≥600	≥300	≥600	≥800
	检测试验环境应满足所开展的检测项目要求,且布局合理、干净整洁				

2. 公路工程试验检测机构的人员要求

公路工程试验检测人员是指经交通运输部工程质量监督机构组织的考试合格,具备相应公路工程试验检测知识、能力,并承担相应公路工程试验检测业务的专业技术人员。检测人员分为检测工程师和助理检测工程师。

根据新版《等级标准》规定,公路工程试验检测人员配备详见表2-2。

公路工程试验检测人员配备表　　表2-2

项目	综合甲级	综合乙级	综合丙级	交通工程专项	桥梁隧道工程专项
持试验检测人员证书总人数	≥50人	≥23人	≥9人	≥28人	≥30人
持试验检测工程师证书人数	≥20人	≥8人	≥4人	≥13人	≥15人
持试验检测师证书专业配置	道路工程≥10人,桥梁隧道工程≥7人,交通工程≥3人	道路工程≥6人,桥梁隧道工程≥2人	道路工程≥3人,桥梁隧道工程≥1人	交通工程≥13人	道路工程≥3人,桥梁隧道工程≥12人

续上表

项目	综合甲级	综合乙级	综合丙级	交通工程专项	桥梁隧道工程专项
相关专业高级职称人数（持试验检测师证书）及专业配置	≥12人 道路工程≥6人，桥梁隧道工程≥5人，交通工程≥1人	≥3人 道路工程≥2人，桥梁隧道工程≥1人	—	≥8人 交通工程≥8人	≥8人 道路工程≥1人，桥梁隧道工程≥7人
技术负责人	1.相关专业高级职称； 2.持试验检测工程师证书； 3.8年以上试验检测工作经历	1.相关专业高级职称； 2.持试验检测工程师证书； 3.5年以上试验检测工作经历	1.相关专业中级职称； 2.持试验检测工程师证书； 3.5年以上试验检测工作经历	1.相关专业高级职称； 2.持试验检测工程师证书； 3.8年以上试验检测工作经历	1.相关专业高级职称； 2.持试验检测工程师证书； 3.8年以上试验检测工作经历
质量负责人	1.相关专业高级职称； 2.持试验检测工程师证书； 3.8年以上试验检测工作经历	1.相关专业高级职称； 2.持试验检测工程师证书； 3.5年以上试验检测工作经历	1.相关专业中级职称； 2.持试验检测工程师证书； 3.5年以上试验检测工作经历	1.相关专业高级职称； 2.持试验检测工程师证书； 3.8年以上试验检测工作经历	1.相关专业高级职称； 2.持试验检测工程师证书； 3.8年以上试验检测工作经历

注：表中黑体字为强制性要求。一项不满足则视为不通过。非黑体字为非强制性要求，不满足按扣分处理。试验检测人员证书名称及专业遵循国家设立的公路工程试验检测专业技术人员职业资格制度相关规定。

从表列内容可以看出，现行标准中对各等级检测机构试验检测人员配置的数量和专业均提出了明确要求，避免了人员总数量符合要求，专业配置不合理的现象出现。同时，对技术负责人和质量负责人的职称、检测工作经历及工作年限也进行了详细说明。技术负责人的主要职责是负责检测机构的试验检测质量，其技术能力和水平决定了检测机构的检测能力和报告的准确性和可靠程度。同时要求其必须具备在检测中发现问题和解决问题的能力。质量负责人的主要职责是负责检测机构管理体系的建立与运行，需要了解并掌握试验检测机构管理体系的有关知识，最好由取得内审员证书的人员担任。管理体系运行质量直接影响检测结果的质量，需要提高对质量负责人的要求来加强检测机构的管理，确保试验检测机构的管理满足试验检测机构资质认定评审准则的要求和交通行业的要求。标准中对检测机构重试验检测轻管理的现象进行了纠正。

为了方便了解试验检测机构人员配置及对人员的管理水平，试验检测机构应保留所有技术人员的相关授权、能力、教育、资格、培训、技能、经验和监督记录，并包含授权、能力确认的日期。通过建立人员技术（业绩）档案体现管理的水平和体系运行的状态。

人员的技术档案不同于人事档案，通过技术档案可以了解人员在业务方面的水平和专长。技术档案应包含：

(1)人员简历；
(2)学历证明；
(3)职称证书；
(4)资格证书(上岗证书)；
(5)培训记录及证书；
(6)岗位确认记录；

(7)监督记录;
(8)荣誉证书;
(9)年度工作总结;
(10)内审员证书;
(11)发表的论文、著作等;
(12)其他。

3.试验检测能力基本要求及主要仪器设备

等级标准参数的设置是根据《公路工程质量检验评定标准 第一册 土建工程》(JTG F80/1—2017)来进行的,基本覆盖了标准中的关键性指标和参数,也是为了更好地对公路工程提供全面高质量的检测服务所必需的。根据等级的高低,覆盖的检测参数范围也从大到小有所不同,公路综合甲级几乎涵盖了现行《公路工程质量检验评定标准》所规定的所有试验检测参数,体现了检测机构的综合实力,公路综合乙级列入的参数能满足高速公路的日常检测需要,公路综合丙级的要求符合道路等级划分中低等级公路对检测的需要;交通工程专项包括交通工程和机电工程的检测能力,突出了交通工程和机电工程的专业特点;桥梁隧道工程专项等级包含桥梁和隧道工程,检测参数包含桥梁、隧道的材料和工程实体的检测。

公路工程试验检测机构的仪器设备,属于强制性要求的设备,不得缺少;属于非强制性的设备,可自行选择,但不应少于强制性设备总量的80%;否则,在评审时每缺1台(套)扣0.5分,设备的功能、精度、量程等应符合规范要求,如力学测试设备适宜在总量程的20%~80%范围内使用,应力环根据测试值的范围不同,规格也不同;电子天平的配置应满足不同量程精度的要求,数量根据各个检测室的设置和检测工作需要配置。总之,仪器设备配置的数量和精度应符合规范要求,数量应满足需要。

与2008年的《等级标准》相比较,修订后的2017年《等级标准》一方面保留了原有等级标准的能力要求,在试验检测项目及参数的设置方面,根据公路工程综合甲级在公路检测领域的定位,将桥梁隧道工作专项的全部检测参数纳入综合甲级,考虑两者在不同专业领域的检测技术水平,在参数的必选和可选上有所区别;另一方面以工程质量控制与检测市场监管需求为导向,以相关工程技术标准、规范及规程为基本依据,充分考虑新材料、新工艺、新技术对检测行业的技术影响,在广泛征求建设工程相关方意见的基础上,对各等级试验检测项目进行了增加和调整,以满足交通建设工程的质量安全监管需要。

表2-3~表2-5是各等级公路工程试验检测机构主要试验检测参数及仪器设备配置。

试验检测能力基本要求及主要仪器设备(综合甲级)　　　　表2-3

序号	试验检测项目	主要试验检测参数	仪器设备配置
1	土	含水率,密度,比重,颗粒组成,界限含水率,天然稠度,击实试验(最大干密度、最佳含水率),承载比(CBR),粗粒土和巨粒土最大干密度,回弹模量,固结试验(压缩系数、压缩模量、压缩指数、固结系数),内摩擦角,黏聚力,自由膨胀率,烧失量,有机质含量,酸碱度,易溶盐总量,砂的相对密度	烘箱,天平,电子秤,环刀,储水筒,灌砂仪,比重瓶,恒温水槽,砂浴,标准筛,摇筛机,密度计,量筒,液塑限联合测定仪,收缩皿,标准击实仪,GBR试验装置(路面材料强度仪或其他荷载装置),表面振动压实仪(或振动台),脱模器,杠杆压力仪,千分表,承载板,固结仪,变形量测设备,应变控制式直剪仪(或三轴仪),百分表(或位移传感器),自由膨胀率测定仪,高温炉,油浴锅,酸度计,电动振荡器,水浴锅,瓷蒸发皿,相对密度仪

续上表

序号	试验检测项目	主要试验检测参数	仪器设备配置
2	集料	(1)粗集料:颗粒级配,密度,吸水率,含水率,含泥量,泥块含量,针片状颗粒含量,坚固性,压碎值,洛杉矶磨耗损失,标准磨光值,碱活性,硫化物及硫酸盐含量,有机物含量,软弱颗粒含量,破碎砾石含量。(2)细集料:颗粒级配,密度,吸水率,含水率,含泥量,泥块含量,坚固性,压碎指标,砂当量,亚甲蓝值,氯化物含量,棱角性,碱活性,硫化物及硫酸盐含量,云母含量,轻物质含量,贝壳含量。(3)矿粉:颗粒级配,密度,含水率,亲水系数,塑性指数,加热安定性	标准筛,摇筛机,天平,电子秤,溢流水槽,容量瓶,容量筒,烘箱,针状规准仪,片状规准仪,游标卡尺,烧杯,量筒,压碎值试验仪,压力试验机,洛杉矶磨耗试验机,加速磨光试验机,摆式摩擦系数测定仪,饱和面干试模,标准漏斗,细集料压碎值试模,砂当量试验仪,钢板尺,李氏比重瓶,恒温水槽,液塑限联合测定仪,蒸发皿(或坩埚),测长仪,百分表,储存箱(碱集料试验箱),细集料流动时间测定仪(含秒表),叶轮搅拌器,滴定设备,高温炉、软弱颗粒测试装置、放大镜、比重计
3	岩石	单轴抗压强度,含水率,密度,毛体积密度,吸水率,抗冻性,坚固性	压力试验机,切石机,磨平机,游标卡尺,角尺,天平,烘箱,密度瓶,砂浴,恒温水浴,抽气设备,破碎研磨设备,煮沸水槽,低温试验箱,放大镜,密度计
4	水泥	密度,细度(筛余值、比表面积),标准稠度用水量,凝结时间,安定性,胶砂强度,氯离子含量,碱含量,胶砂流动度,烧失量,三氧化硫含量,氧化镁含量,不溶物含量	天平,李氏比重瓶,恒温水槽,烘箱,负压筛析仪(含试验筛),比表面积仪,秒表,维卡仪,水泥净浆搅拌机,雷氏夹及其膨胀测定仪,沸煮箱,湿气养护箱,水泥胶砂搅拌机,振实台,抗折试验机,恒应力压力试验机,水泥胶砂流动度测试仪,滴定设备,抽气过滤装置,磁力搅拌器,测氯蒸馏装置,铂皿,火焰光度计,原子吸收光谱仪,高温炉,蒸汽水浴
5	水泥混凝土、砂浆	(1)水泥混凝土:稠度,表观密度,含气量,凝结时间,抗压强度,抗压弹性模量,抗弯拉强度,抗渗性,配合比设计,劈裂抗拉强度,泌水率,耐磨性,抗弯拉弹性模量,抗冻等级及动弹性模量,干缩性,扩展度及扩展度经时损失,电通量,氯离子扩散系数。(2)砂浆:稠度,密度,立方体抗压强度,配合比设计,保水性,凝结时间,分层度,抗冻性	坍落度仪,维勃稠度仪,振动台,秒表,试样筒,电子秤,含气量测定仪,贯入阻力仪,标准筛,压力试验机,微变形测量仪,抗弯拉试验装置,劈裂夹具,水泥混凝土渗透仪,烘箱,天平,标准养护室,混凝土搅拌机,砂浆稠度仪,容量筒,砂浆保水性试验装置,砂浆搅拌机,混凝土磨耗试验机,冻融试验机,动弹性模量测定仪,测长仪,干缩箱,扩展度测试装置,RCM试验装置,真空泵,游标卡尺,真空表(或压力计),真空容器,电通量测定仪,标准电阻,试验槽,砂浆凝结时间测定仪,砂浆分层度仪
6	水	pH值,氯离子含量,硫酸根离子(SO_4^{2-})含量,碱含量,不溶含量、可溶物含量	酸度计,滴定设备,天平,烘箱,箱式电阻炉,铂皿,火焰光度计,离子浓度计,全玻璃微孔滤膜过滤器

续上表

序号	试验检测项目	主要试验检测参数	仪器设备配置
7	外加剂	pH 值,氯离子含量,总碱量,减水率,泌水率比,抗压强度比,收缩率比,凝结时间差,含气量,经时变化量(坍落度、含气量),相对耐久性,含固量,含水率,密度,细度,硫酸钠含量,水泥净浆流动度,透水压力比,渗透高度比,限制膨胀率	酸度计,天平,滴定设备,火焰光度计,混凝土搅拌机,坍落度仪,电子秤,量筒,压力试验机,收缩膨胀仪,干缩试验箱,贯入阻力仪,含气量测定仪,冻融试验机,混凝土动弹性模量测定仪,离子色谱仪,原子吸收光谱仪,比重瓶,试验筛,电热恒温干燥箱,恒温水浴,液体比重天平,波美比重计,精密密度计,箱式电阻炉,水泥净浆搅拌机,混凝土抗渗仪,砂浆抗渗仪,限制膨胀率测定仪
8	掺合料	密度,细度,比表面积,需水量比,流动度比,烧失量,含水率,三氧化硫含量,游离氧化钙,氯离子含量,氧化钙含量,氧化镁含量,安定性,活性指数,二氧化硅含量,碱含量,碱度系数,五氧化二磷含量,吸铵值	李氏比重瓶,天平,恒温水槽,烘箱,负压筛析仪(含试验筛),比表面积仪,秒表,水泥胶砂流动度测试仪,水泥胶砂搅拌机,雷氏夹及其膨胀测定仪,沸煮箱,水泥净浆搅拌机,湿气养护箱,压蒸釜,振实台,恒应力压力试验机,高温炉,磁力搅拌器,滴定设备,电动离心机,游离氧化钙测定仪,抽气过滤装置,测氯蒸馏装置,蒸汽水浴,带盖铂坩埚,分光光度计,铂皿,火焰光度计
9	无机结合料稳定材料	(1)石灰:有效氧化钙和氧化镁含量,氧化镁含量,未消化残渣含量,含水率,细度。 (2)粉煤灰(路基、基层、底基层):烧失量,细度,($SiO_2 + Al_2O_3 + Fe_2O_3$)总含量,比表面积,含水率。 (3)无机结合料稳定材料:最大干密度、最佳含水率,水泥或石灰剂量,配合比设计,无侧限抗压强度,延迟时间,间接抗拉强度,弯拉强度,抗压回弹模量	天平,滴定设备,高温炉,烘箱,负压筛析仪(含试验筛),标准养护室,击实仪,振动压实仪,电子秤,路面材料强度试验仪,脱模器,生石灰消化器,5mm 圆孔筛,方孔筛,带盖的氧化铝、铂、瓷坩埚,分光光度计,蒸汽水浴,比表面积仪,电子万能试验机(含模具夹具、变形测量装置),杠杆压力仪
10	沥青	密度,针入度,针入度指数,延度,软化点,溶解度,薄膜或旋转薄膜加热试验(质量变化、残留物针入度比、软化点增值、60℃黏度比、老化指数、老化后延度),闪点,燃点,蜡含量,与粗集料的黏附性,运动黏度,动力黏度,标准黏度,恩格拉黏度,布氏旋转黏度,沥青化学组分(四组分),黏韧性,韧性,弯曲蠕变劲度试验(弯曲蠕变劲度、m 值),流变性质(动态剪切模量、相位角),断裂性能(破坏应变、破坏应力),压力老化容器加速沥青老化(老化时间、老化温度),沥青抗剥落剂性能评价(沥青与粗集料的黏附性、浸水残留稳定度、冻融劈裂抗拉强度比)。 (1)乳化沥青:蒸发残留物含量,筛上剩余量,微粒离子电荷,与粗集料的黏附性,储存稳定性,与水泥拌和试验(筛上残留物含量),破乳速度,与矿料拌和试验。 (2)聚合物改性沥青:储存稳定性(离析或 48h 软化点差),弹性恢复率	沥青比重瓶,天平,恒温水槽,针入度仪,延度仪,软化点试验仪,烘箱,薄膜(或旋转薄膜)加热烘箱,克利夫兰开口杯闪点仪,蜡含量测定仪,标准筛,毛细管黏度计,真空减压毛细管黏度计,真空减压系统,道路沥青标准黏度计,恩格拉黏度计,布洛克菲尔德黏度计,滤筛(1.18mm),乳化沥青微粒离子电荷试验装置,沥青乳液稳定性试验管,冰箱,沥青质抽提器,高温炉,黏韧性测定仪,弯曲梁流变仪,动态剪切流变仪,直接拉伸试验仪,压力老化试验仪

续上表

序号	试验检测项目	主要试验检测参数	仪器设备配置
11	沥青混合料	配合比设计,密度,空隙率,矿料间隙率,饱和度,马歇尔稳定度、流值,理论最大相对密度,动稳定度,沥青含量,矿料级配,渗水系数,弯曲试验(抗弯拉强度、最大弯拉应变、弯曲劲度模量),劈裂抗拉强度,冻融劈裂抗拉强度比,谢伦堡沥青析漏损论失,肯塔堡飞散损失。 (1)稀浆混合料:稠度,磨耗值,破乳时间,黏聚力,黏附砂量,车辙变形(宽度变形率、车辙深度),拌和试验(可拌和时间、不可施工时间),配伍性能等级。 (2)木质素纤维:长度,pH值,灰分,吸油率,含水率,耐热性	沥青混合料拌和机,烘箱,浸水天平,天平,控温溢流水箱,恒温冰箱,马歇尔击实仪,脱模器,马歇尔试验仪,恒温水槽,理论最大相对密度仪,轮碾成型机,车辙试验机,沥青抽提仪(或燃烧炉),标准筛,摇筛机,路面渗水仪,万能材料试验机,LVDT位移传感器,环境箱,沥青混合料板块切割机,冻融劈裂专用夹具和压条,洛杉矶磨耗仪,乳化沥青稀浆封层混合料稠度仪,湿轮磨耗仪,环形试模,黏聚力试验仪,负荷车轮试验仪,旋转瓶磨耗仪,显微镜,pH试纸,吸油率测定仪,高温炉,旋转压实仪
12	土工合成材料	厚度,单位面积质量,几何尺寸,拉伸强度,延伸率,CBR顶破强力,梯形撕裂强度,刺破强力,节点/焊点强度,孔径,垂直渗透系数,有效孔径,淤堵,耐静水压,直接剪切摩擦,拉拔摩擦	土工布厚度仪,天平,钢尺,电子万能试验机(含夹具),游标卡尺,垂直渗透系数测定仪,试验筛,标准振筛机,标准颗粒材料,梯度比渗透仪,耐静水压测定装置,土工合成材料直剪拉拔试验仪
13	压浆材料	氯离子含量,凝结时间,流动度,抗折强度,抗压强度,泌水率,自由膨胀率,压力泌水率,充盈度,三氧化硫含量,比表面积	天平,滴定设备,调速搅拌机,维卡仪,恒温恒湿养护箱,流动度测试仪,恒应力抗折抗压试验机,浆液泌水率和膨胀率试验容器,钢丝间泌水试验容器,压力泌水率测定仪,充盈度管,箱式电阻炉,勃氏透气仪,电热恒温干燥箱
14	防水材料	(1)防水板:拉伸强度,断裂伸长率,撕裂强度,低温弯折性,不透水性,加热伸缩量,外观质量,外形尺寸(长度、厚度、宽度)。 (2)止水带:尺寸公差,外观质量,硬度,拉伸强度,拉断伸长率,撕裂强度,热空气老化[硬度变化(邵尔)、拉伸强度、拉断伸长率],脆性温度。 (3)止水条:拉伸强度,扯断伸长率,体积膨胀倍率,反复浸水试验,低温弯折,外观质量,尺寸公差(直径、宽度、高度),硬度,高温流淌性,低温试验。 (4)防水卷材:厚度,可溶物含量,耐热性,拉力,延伸率,低温柔性,钉杆撕裂强度,抗静态荷载,接缝剥离强度,热老化试验(拉力保持率、延伸力保持率、低温柔性/低温弯折性、尺寸变化率、质量损失),低温弯折性,不透水性,外观,面积,单位面积质量,卷材下表面沥青涂盖层厚度,耐化学性(外观、最大拉力保持率、拉伸强度保持率、最大拉力时伸长率保持率、断裂伸长率变化率、低温弯折性)	电子万能试验机(含配件),低温试验箱,弯折仪,透水仪,老化试验箱,钢直尺,测厚仪,邵氏硬度计,橡胶脆性温度试验机,静水天平,恒温养护箱,天平,电热干燥箱,耐热性试验仪,拉力试验机,低温柔性试验仪,抗静态荷载试验仪,弯折板,放大镜,不透水仪,钢卷尺,游标卡尺,厚度计

续上表

序号	试验检测项目	主要试验检测参数	仪器设备配置
15	钢材与连接接头	质量偏差,尺寸偏差,抗拉强度,屈服强度,断后伸长率,最大力总伸长率,弯曲性能,反向弯曲,钢筋焊接网的抗剪力,单向拉伸残余变形	天平,钢直尺,伺服万能试验机,引伸仪,游标卡尺,标距打点机,弯曲装置(含弯头),反向弯曲装置(含弯头),专用抗剪力夹具
16	预应力用钢材及锚具、夹具、连接器	最大力,最大力总伸长率,屈服力,断面收缩率,弹性模量,静载锚固性能(锚具效率系数、总伸长率),硬度,松弛率,弯曲,反复弯曲,扭转,疲劳荷载性能,周期荷载试验	伺服万能试验机,电子引伸计,游标卡尺,静载锚固性能测试系统(试验力≥5000kN),硬度计(洛氏、布氏),松弛试验机,弯曲装置(含弯头),反复弯曲装置(含弯头),扭转试验机,疲劳试验机
17	桥梁支座	外形尺寸,外观质量,内在质量,极限抗压强度,抗压弹性模量,抗剪弹性模量,抗剪老化,抗剪黏结性能,摩擦系数,竖向承载力(竖向压缩变形、盆环径向变形),竖向压缩刚度,压缩位移,水平等效刚度,屈服后刚度,等效阻尼比,最大水平位移,大变形剪切性能	钢直尺,游标卡尺,厚度塞尺,压剪试验机(压力≥5000kN),变形测量装置,老化箱,支座动态加载试验系统,压剪试验机(压力≥20000kN)
18	桥梁伸缩装置	外观质量,尺寸偏差,焊接质量,表面涂装质量(涂层附着力、涂层厚度),装配公差,橡胶密封带夹持性能,变形性能,防水性能,承载性能	钢卷尺,钢直尺,游标卡尺,平整度仪,水准仪,金属超声波探伤仪,漆膜划格器,附着力测定仪,磁阻法测厚仪,电子万能试验机(含配件)、大型试验台座系统,X射线探伤机
19	预应力波纹管	外观,尺寸,环刚度,局部横向荷载,柔韧性,拉伸性能,纵向荷载,径向刚度,抗冲击性,灰分,抗老化性能,抗渗漏性,氧化诱导时间,拉拔力,密封性	π尺,游标卡尺,钢卷尺,螺旋千分尺,压缩试验机(具测量试样内径变形功能),万能试验机,柔韧性测定弧形模板,塞规,落锤冲击仪,天平,箱式电阻炉,烘箱,差示扫描量热仪,拉力计(或砝码),真空泵
20	路基路面	几何尺寸(纵断高程、中线偏位、宽度、横坡、边坡、相邻板高差、纵、横缝顺直度),厚度,压实度,平整度,弯沉,摩擦系数,构造深度,渗水系数,车辙,回弹模量,水泥混凝土路面强度,基层芯样完整性,透层油渗透深度,层间黏结,接缝传荷能力,板底脱空状况,公路路面损坏,支挡结构变形,支挡结构应力,锚杆预应力	钢卷尺,钢直尺,游标卡尺,水准仪,全站仪,路面取芯钻机,地质雷达,灌砂仪,天平,环刀,三米直尺、楔形塞尺(或深度尺),激光平整度仪,贝克曼梁(含百分表),路表温度计,落锤式弯沉仪(或自动弯沉仪,或激光式高速路面弯沉仪),摆式摩擦系数测定仪,单轮式横向力系数测试车(或双轮式横向力系数测试车),人工铺砂仪,激光构造深度仪,路面渗水仪,激光车辙仪,承载板测定仪,千斤顶,压力试验机,落球式回弹模量测试仪,专用拉拔仪,拉伸仪,直剪试验仪,扭剪试验机,无核密度仪,核子密度湿度仪,连续式平整度仪,路面横断面尺,颠簸累积仪,手推断面仪,动态旋转式摩擦系数测定仪,电动铺砂仪,标准量筒,超声波检测仪,混凝土回弹仪,恒温箱,路面损坏视频检测系统,地表型沉降计(沉降板),测斜仪,钻孔机,土压力计传感器,应变计

续上表

序号	试验检测项目	主要试验检测参数	仪器设备配置
21	混凝土结构	混凝土强度,碳化深度,钢筋位置,钢筋保护层厚度,表观缺陷,内部缺陷,裂缝(长度、宽度、深度等),钢筋锈蚀电位,混凝土氯离子含量,混凝土电阻率	混凝土回弹仪,取芯机,芯样切割机,压力试验机,非金属超声波检测仪,碳化深度测量装置,钢筋探测仪,钢直尺,钢卷尺,游标卡尺,裂缝宽度测试仪,钢筋锈蚀电位测量仪,滴定设备,烘箱,天平,混凝土电阻率测量仪,混凝土氯离子含量测定仪
22	基坑、地基与基桩	地基承载力,基桩完整性,基桩承载力,地表沉降,分层沉降,水平位移,深层水平位移,锚杆(索)承载力,锚杆(索)变形,土钉承载力,土钉变形,立柱变形,桩墙内力,成孔质量(孔径、孔深、垂直度等),地下水位,孔隙水压力、土压力	承载板,荷载加载装置(含测力装置),基准梁,位移测试装置(含数据自动采集系统),动力触探仪,静力触探仪(含测力传感器),标准贯入仪,超声波检测仪,基桩动测仪,荷重传感器(或压力传感器或压力表),精密水准仪,分层沉降计,全站仪,测斜仪,锚杆拉力仪,位移传感器,静载荷试验仪,钻机,十字板剪切仪,混凝土应变计,应变数据采集仪,振弦式钢筋应力计,振弦式频率采集仪,成孔质量检测装置,水位计,孔隙水压力计及数据采集仪,土压力计及数据采集、百米钻机(含附件),高应变检测系统
23	桥梁结构	位移,静态挠度,静态应变(应力),动态应变(应力),动态挠度,冲击系数,模态参数(频率、振型、阻尼比),承载能力,结构线形,竖直度,结构尺寸,索力,温度,高强度螺栓连接副紧固轴力,高强度螺栓连接副抗滑移系数,钢结构几何尺寸,钢材厚度,钢材及焊缝无损检测,涂层厚度,高强螺栓终扭矩,加速度、速度、风速,桥梁技术状况,高强度螺栓、螺母及垫圈硬度,高强度螺母保证载荷,保护电位,表面粗糙度,涂层附着力,表面清洁度,高强度螺栓楔负载	机电百(千)分表,位移计及数据采集系统,精密水准仪,全站仪,桥梁挠度仪,倾角计,静态应变测量与采集设备(至少配置两种原理设备,且总通道数不得少于200个),电阻式动态应变测量、采集与分析设备(不少于8通道),振动信号采集与分析设备(不少于16通道),测振传感器(不少于12个竖向传感器、不少于4个水平传感器),桥梁结构计算分析软件,钢直尺,钢卷尺,激光测距仪,索力动测仪(含测振传感器),温度传感器及数据采集仪,轴力计,万能试验机,扭矩扳手,钢尺,游标卡尺,超声波测厚仪,金属超声波探伤仪,磁粉探伤仪,磁性测厚仪,测力传感器与数据采集仪,桥梁检测车,静力水准仪,GPS/BD兼容测量系统,光纤式静态应变测量与采集设备,经纬仪,风速仪,超声测力计,射线探伤仪,硬度计(洛氏、布氏、维氏),参比电极、电压表,粗糙度仪,漆膜附着力测试仪
24	隧道	断面尺寸,锚杆拔力,衬砌(支护)厚度,支护(衬砌)背后的空洞,墙面平整度,钢支撑间距,钢筋网格尺寸,衬砌内钢筋间距(主筋间距、两层钢筋间距),仰拱厚度,仰拱填充质量,锚杆(钢管)长度,锚杆(钢管)锚固密实度,洞内外观察,周边位移,拱顶下沉,地表下沉,地质观察,前方地质条件,不良地质体的分布及性质,防水层施工质量(缝宽、搭接宽度、固定点距、气密性),围岩内部位移、锚杆轴力,围岩压力及两层支护间压力,钢支撑内力,支护(衬砌)内应力,渗水压力,水流量,地下水位,爆破振动,照度,噪声、风速,CO浓度,NO_2浓度,CO_2浓度,SO_2浓度,O_2浓度,NO浓度,瓦斯浓度,硫化氢浓度,烟尘浓度	隧道激光断面仪或全站仪,锚杆拉拔仪,地质雷达,2m直尺和塞尺,钢卷尺,精密水准仪,锚杆质量检测仪,地质罗盘,收敛计,量筒,秒表,地震波探测仪,隧道防水板焊缝气密性检测仪,位移计及采集系统,钢筋应力计及采集分析系统,土压力盒及采集分析系统,应变计(表贴式和埋入式)及采集分析系统,水压计及采集分析系统,流量计及采集分析系统(或量筒和秒表),水位计及采集分析系统,爆破测振仪,照度检测仪,噪声检测仪,风速仪,气体检测仪(含相应气体传感器),能见度检测仪

续上表

序号	试验检测项目	主要试验检测参数	仪器设备配置
25	交通安全设施	(1)交通标志:结构尺寸,钢构件防腐层厚度,材料力学性能,标志板面色度性能,标志板面光度性能,反光膜附着性能,反光膜抗冲击性能,反光膜耐盐雾腐蚀性能,反光膜耐高低温性能。 (2)路面标线涂料:色度性能,软化点,抗压强度,耐磨性,预混玻璃珠含量。 (3)波形梁钢护栏:外形尺寸,材料力学性能,拼接螺栓连接副整体抗拉荷载,防腐层厚度,镀锌附着量,防腐层附着性能,防腐层耐盐雾腐蚀性能。 (4)突起路标:结构尺寸,色度性能,逆反射性能,整体抗冲击性能,抗压荷载,耐温度循环性能,耐盐雾腐蚀性能。 (5)隔离栅:结构尺寸,钢丝直径,钢丝抗拉强度,焊点抗拉力,防腐层厚度,防腐层附着性能,防腐层抗弯曲性能,防腐层耐盐雾腐蚀性能,涂层耐冲击性能,涂层耐湿热性能。 (6)防眩板:结构尺寸,抗风荷载,抗变形量,抗冲击性能,耐低温坠落性能。 (7)轮廓标:外形尺寸,光度性能,色度性能,密封性能,耐高低温性能,耐盐雾腐蚀性能。 (8)安装施工工程:外形尺寸,安装高度,安装距离,安装角度,立柱竖直度,立柱埋深,防腐层厚度,标志标线光度性能,标线抗滑值	直尺,卷尺,卡尺,板厚千分尺,万能角尺,塞尺,锤线,超声波测厚仪,涂镀层测厚仪(磁性、电涡流),电子万能材料试验机及试验夹具,色彩色差仪,逆反射标志测量仪,反光膜附着性能测试仪,反光膜耐冲击性能测试仪,盐雾腐蚀试验箱,高低温试验箱,软化点测试仪,制样器,漆膜磨耗仪,天平,烘箱,化学试验器皿,防腐层附着性能试验装置,防腐层抗弯曲试验装置,涂层耐冲击试验装置,恒温恒湿试验箱,防眩板抗冲击试验钢球,突起路标测量仪,突起路标耐冲击性能测试仪,轮廓标耐密封测量装置,标线涂层厚度测试仪,逆反射标线测量仪,摆式摩擦系数测试仪,全站仪,逆反射色测量系统,逆反射测量标准装置竖直度尺,立柱埋深测量仪

试验检测能力基本要求及主要仪器设备(综合乙级)　　表2-4

序号	试验检测项目	主要试验检测参数	仪器设备配置
1	土	含水率,密度,颗粒组成,界限含水率,击实试验(最大干密度、最佳含水率)承载比(CBR),比重,天然稠度,粗粒土和巨粒土最大干密度,回弹模量,自由膨胀率,烧失量,有机质含量,易溶盐总量,砂的相对密度	烘箱,天平,电子秤,环刀,储水筒,灌砂仪,标准筛,摇筛机,密度计,量筒,液塑限联合测定仪,标准击实仪,脱模器,CBR试验装置(路面材料强度仪或其他荷载装置),收缩皿,比重瓶,恒温水槽,砂浴,表面振动压实仪(或振动台),杠杆压力仪,千分表,承载板,自由膨胀率测定仪,高温炉,油浴锅,水浴锅,瓷蒸发皿,相对密度仪
2	集料	(1)粗集料:颗粒级配,密度,吸水率,含水率,含泥量,泥块含量,针片状颗粒含量,压碎值,洛杉矶磨耗损失,磨光值,破碎砾石含量,碱活性,有机物含量,坚固性,软弱颗粒含量。 (2)细集料:颗粒级配,密度,吸水率,含水率,含泥量,泥块含量,砂当量,碱活性,坚固性,压碎指标,亚甲蓝值,棱角性。 (3)矿粉:颗粒级配,密度,含水率,亲水系数,塑性指数,加热安定性	标准筛,摇筛机,天平,溢流水槽,容量瓶,容量筒,烘箱,针状规准仪,片状规准仪,游标卡尺,量筒,压碎值试验仪,压力试验机,洛杉矶磨耗试验机,加速磨光试验机,摆式摩擦系数测定仪,饱和面干试模,烧杯,标准漏斗,砂当量试验仪,钢板尺,李氏比重瓶,恒温水槽,细集料压碎值试模,测长仪,百分表,储存箱(碱集料试验箱),软弱颗粒测试装置,叶轮搅拌器,移液管,比重计,细集料流动时间测定仪(含秒表),蒸发皿(或坩埚)

续上表

序号	试验检测项目	主要试验检测参数	仪器设备配置
3	岩石	单轴抗压强度,含水率,密度,毛体积密度,吸水率,抗冻性	压力试验机,切石机,磨平机,游标卡尺,角尺,烘箱,天平,抽气设备,煮沸水槽,密度瓶、砂浴,恒温水浴,破碎研磨设备,低温试验箱
4	水泥	密度,细度(筛余值、比表面积),标准稠度用水量,凝结时间,安定性,胶砂强度,胶砂流动度,氯离子含量,碱含量,烧失量	天平,李氏比重瓶,恒温水槽,烘箱,负压筛析仪(含试验筛),比表面积仪,秒表,维卡仪,水泥净浆搅拌机,雷氏夹及其膨胀测定仪,沸煮箱,湿气养护箱,水泥胶砂搅拌机,振实台,抗折试验机,恒应力压力试验机,水泥胶砂流动度测试仪,滴定设备,抽气过滤装置,磁力搅拌器,测氯蒸馏装置,铂皿,火焰光度计,高温炉
5	水泥混凝土、砂浆	(1)水泥混凝土:稠度,表观密度,含气量,凝结时间,抗压强度,抗压弹性模量,抗弯拉强度,抗渗性,配合比设计,抗弯拉弹性模量,劈裂抗拉强度,泌水率,干缩性,扩展度及扩展度经时损失。 (2)砂浆:稠度,密度,立方体抗压强度,配合比设计,保水性,凝结时间,分层度	坍落度仪,维勃稠度仪,振动台,秒表,试样筒,电子秤,含气量测定仪,贯入阻力仪,标准筛,压力试验机,微变形测量仪,抗拉试验装置,水泥混凝土渗透仪,烘箱,天平,标准养护室,混凝土搅拌机,砂浆稠度仪,容量筒,砂浆保水性试验装置,砂浆搅拌机,劈裂夹具,砂浆凝结时间测定仪,砂浆分层度仪,测长仪,干缩箱、扩展度测试装置
6	水	pH值,氯离子含量,硫酸根离子(SO_4^{2-})含量,不溶物含量,可溶物含量	酸度计,滴定设备,天平,烘箱,箱式电阻炉,全玻璃微孔滤膜,过滤器
7	外加剂	pH值,氯离子含量,减水率,泌水率比,抗压强度比,硫酸钠含量,凝结时间差,含气量	酸度计,天平,滴定设备,混凝土搅拌机,坍落度仪,电子秤,量筒,压力试验机,贯入阻力仪,含气量测定仪,箱式电阻炉
8	掺合料	细度,比表面积,需水量比,流动度比,烧失量,安定性,活性指数,密度,含水率,三氧化硫含量,游离氧化钙,碱含量,吸铵值	天平,烘箱,负压筛析仪(含试验筛),比表面积仪,秒表,水泥胶砂流动度测试仪,水泥胶砂搅拌机,雷氏夹及雷氏夹膨胀测定仪,沸煮箱,水泥净浆搅拌水泥净浆搅拌机,湿气养护箱,振实台,恒应力压力试验机,高温炉,压蒸釜,李氏比重瓶,恒温水槽,铂皿,火焰光度计,磁力搅拌器,滴定设备,电动离心机,游离氧化钙测定仪
9	无机结合料稳定材料	(1)石灰:有效氧化钙和氧化镁含量,氧化镁含量,未消化残渣含量,含水率。 (2)粉煤灰(路基、基层、底基层):烧失量,细度,比表面积,含水率。 (3)无机结合料稳定材料:最大干密度,最佳含水率,水泥或石灰剂量,无侧限抗压强度,延迟时间,配合比设计	天平,滴定设备,烘箱,标准养护室,击实仪,脱模器,电子秤,路面材料强度试验仪,振动压实仪,生石灰消化器,5mm圆孔筛,砂浴锅,高温炉,负压筛析仪(含试验筛),比表面积仪

续上表

序号	试验检测项目	主要试验检测参数	仪器设备配置
10	沥青	密度,针入度、针入度指数、延度、软化点、薄膜或旋转薄膜加热试验(质量变化、残留物针入度比、软化点增值、60℃黏度比、老化指数、老化后延度)、动力黏度、闪点、燃点、与粗集料的黏附性、聚合物改性沥青储存稳定性(离析或48h软化点差)、聚合物改性沥青弹性恢复率、溶解度、标准黏度、恩格拉黏度、乳化沥青蒸发残留物含量、乳化沥青筛上剩余量、乳化沥青微粒离子电荷、乳化沥青与粗集料的黏附性、乳化沥青储存稳定性、乳化沥青与水泥拌和试验(筛上残留物含量)、乳化沥青破乳速度、乳化沥青与矿料拌和试验	沥青比重瓶、天平、恒温水槽、针入度仪、延度仪、软化点试验仪、薄膜(或旋转薄膜)加热烘箱、真空减压毛细管黏度计、真空减压系统、克利夫兰开口杯闪点仪、烘箱、标准筛、冰箱、道路沥青标准黏度计、恩格拉黏度计、滤筛(1.18mm)、乳化沥青微粒离子电荷试验装置、沥青乳液稳定性试验管
11	沥青混合料	密度、空隙率、矿料间隙率、饱和度、马歇尔稳定度、流值、沥青含量、矿料级配、理论最大相对密度、动稳定度、渗水系数	沥青混合料拌和机、烘箱、浸水天平、天平、控温溢流水箱、恒温冰箱、马歇尔击实仪、脱模机、马歇尔试验仪、恒温水槽、沥青抽提仪(或燃烧炉)、标准筛、摇筛机、理论最大相对密度仪、轮碾成型机、车辙试验机、路面渗水仪
12	钢材与连接接头	质量偏差、尺寸偏差、抗拉强度、屈服强度、断后伸长率、最大力总伸长率、弯曲性能、反向弯曲、钢筋焊接网的抗剪力	天平、钢直尺、伺服万能试验机、引伸仪、游标卡尺、标距打点机、弯曲装置(含弯头)、反向弯曲装置(含弯头)、专用抗剪力夹具
13	路基路面	几何尺寸(纵断高程、中线偏位、宽度、横坡、边坡、相邻板高差、纵、横缝顺直度)、厚度、压实度、平整度、弯沉、摩擦系数、构造深度、渗水系数、水泥混凝土路面强度、车辙、回弹模量、透层油渗透深度、层间黏结、基层芯样完整性	钢卷尺、钢直尺、游标卡尺、水准仪、全站仪、路面取芯钻机、灌砂仪、天平、环刀、三米直尺、楔形塞尺(或深度尺)、贝克曼梁(含百分表)、路表温度计、摆式摩擦系数测定仪、人工铺砂仪、路面渗水仪、秒表、连续式平整度仪(颠簸累积仪、激光平整度仪、手推断面仪)、压力试验机、地质雷达、落锤式弯沉仪、自动弯沉仪、单轮式横向力系数测试车、双轮式横向力系数测试车、激光构造深度仪、电动铺砂仪、标准量筒、激光车辙仪、路面横断面尺、承载板测定仪、千斤顶、落球式回弹模量测试仪、无核密度仪、核子密实度仪、超声波检测仪、混凝土回弹仪、专用拉伸仪、拉伸仪、直剪试验仪、扭剪试验仪、恒温箱
14	混凝土结构	混凝土强度、碳化深度、钢筋位置、钢筋保护层厚度、表观缺陷、内部缺陷、裂缝(长度、宽度、深度等)	混凝土回弹仪、取芯机、芯样切割机、压力试验机、非金属超声波检测仪、碳化深度测量装置、钢筋探测仪、钢直尺、钢卷尺、游标卡尺、裂缝宽度测试仪

续上表

序号	试验检测项目	主要试验检测参数	仪器设备配置
15	基坑、地基与基桩	地基承载力,地表沉降,基桩完整性,成孔质量(孔径、孔深、垂直度等)	承载板,荷载加载装置(含测力装置),基准梁,位移测试装置(含数据自动采集系统),动力触探仪,静力触探仪(含测力传感器),精密水准仪,标准贯入仪,钻机,十字板剪切仪,超声波检测仪,基桩动测仪,成孔质量检测装置
16	交通安全设施	外形尺寸,安装高度,安装距离,安装角度,立柱竖直度,立柱埋深,立柱防腐层厚度,标线抗滑值,标志标线光度性能	直尺,卷尺,卡尺,万能角尺,塞尺,锤线,板厚千分尺,超声波测厚仪,涂镀层测厚仪(磁性、电涡流),标线涂层厚度测定仪,摆式摩擦系数测试仪,全站仪,竖直度尺,标志逆反射测仪,标线逆反射测量仪,立柱埋深测量仪

试验检测能力基本要求及主要仪器设备(综合丙级)　　表2-5

序号	试验检测项目	主要试验检测参数	仪器设备配置
1	土	含水率,密度,颗粒组成,界限含水率,击实试验(最大干密度、最佳含水率),承载比(CBR),比重,天然稠度,有机质含量,易溶盐总量	烘箱,天平,电子秤,环刀,储水筒,灌砂仪,标准筛,摇筛机,密度计,量筒,液塑限联合测定仪,标准击实仪,脱模器,收缩皿,CBR试验装置(路面材料强度仪或其他荷载装置),比重瓶,恒温水槽,砂浴,油浴锅,水浴锅,瓷蒸发皿
2	集料	(1)粗集料:颗粒级配,含水率,含泥量,泥块含量,针片状颗粒含量,压碎值,密度,吸水率。 (2)细集料:颗粒级配,含水率,含泥量,泥块含量,密度,吸水率。 (3)矿粉:颗粒级配,密度,亲水系数	标准筛,摇筛机,天平,烘箱,针状规准仪、片状规准仪游标卡尺,量筒,压碎值试验仪,压力试验机,李氏比重瓶,恒温水槽,溢流水槽,容量瓶,烧杯,容量筒
3	水泥	标准稠度用水量,凝结时间,安定性,胶砂强度,胶砂流动度,密度,细度(筛余值、比表面积)	天平,维卡仪,水泥净浆搅拌机,沸煮箱,湿气养护箱,雷氏夹及其膨胀测定仪,水泥胶砂搅拌机,振实台,抗折试验机,恒应力压力试验机,水泥胶砂流动度测试仪,李氏比重瓶,恒温水槽,烘箱,负压筛析仪(含试验筛),比表面积仪
4	水泥混凝土、砂浆	(1)水泥混凝土:稠度,抗压强度,抗弯拉强度,配合比设计,表观密度,含气量,凝结时间,劈裂抗拉强强度,抗渗性。 (2)砂浆:立方体抗压强度,配合比设计,保水性,稠度,分层度	坍落度仪,维勃稠度仪,振动台,秒表,试样筒,电子秤,压力试验机,微变形测量仪,抗拉试验装置,天平,标准养室,混凝土搅拌机,砂浆搅拌机,砂浆保水性试验装置,砂浆稠度仪,含气量测定仪,贯入阻仪,标准筛,砂浆分层仪,劈裂夹具,水泥混凝土渗透仪,烘箱
5	外加剂	pH值,氯离子含量,减水率,抗压强度比,泌水率比,硫酸钠含量,凝结时间差,含气量	酸度计,天平,滴定设备,混凝土搅拌机,坍落度仪,电子秤,压力试验机,试样筒,贯入阻仪,含气量测定仪,箱式电阻炉

续上表

序号	试验检测项目	主要试验检测参数	仪器设备配置
6	掺合料	细度,比表面积,需水量比,流动度比,安定性,活性指数,烧失量,含水率	天平,烘箱,负压筛析仪(含试验筛),比表面积仪,秒表,水泥胶砂流动度测定仪,水泥胶砂搅拌机,雷氏夹及其膨胀测定仪,沸煮箱,水泥净浆搅拌机,湿气养护箱,振实台,恒应力压力试验机,压蒸釜,高温炉
7	无机结合料稳定材料	(1)石灰:有效氧化钙和氧化镁含量,氧化镁含量,未消化残渣含量。(2)无机结合料稳定材料:最大干密度,最佳含水率,无侧限抗压强度,水泥或石灰剂量	天平,滴定设备,烘箱,恒温恒湿养护室(箱),击实仪,脱模器,路面材料强度试验仪,振动压实仪,生石灰消化器,5mm圆孔筛
8	沥青	密度,针入度,针入度指数,延度,软化点,与粗集料的黏附性,聚合物改性沥青储存稳定性(离析或48h软化点差),聚合物改性沥青弹性恢复率	沥青比重瓶,天平,恒温水槽,针入度仪,延度仪,软化点试验仪,烘箱,标准筛,冰箱
9	沥青混合料	密度、空隙率、矿料间隙率、饱和度,马歇尔稳定度、流值,沥青含量,矿料级配,理论最大相对密度	沥青混合料拌和机,烘箱,浸水天平,天平,控温溢流水箱,恒温冰箱,马歇尔击实仪,脱模器,马歇尔试验仪,恒温水槽,沥青抽提仪(或燃烧炉),标准筛,摇筛机,理论最大相对密度仪
10	钢材与连接接头	质量偏差,尺寸偏差,抗拉强度,屈服强度,断后伸长率,最大力总伸长率,弯曲性能	天平,钢直尺,伺服万能试验机,引伸仪,游标卡尺,标距打点仪,弯曲装置(含弯头)
11	路基路面	厚度,压实度,平整度,弯沉,几何尺寸(纵断高程,中线偏位,宽度,横坡,边坡,相邻板高差,纵、横缝顺直度),摩擦系数,构造深度,渗水系数,回弹模量,水泥混凝土路面强度	游标卡尺,钢直尺,灌砂仪,天平,环刀,三米直尺、楔形塞尺(或深度尺),路面取芯钻机,贝克曼梁(含百分表),路表温度计,落锤式弯沉仪,钢卷尺,水准仪,全站仪,摆式摩擦系数测定仪,人工铺砂仪,标准量筒,路面渗水仪,秒表,承载板测定仪,千斤顶,落球式回弹模量测试仪,无核密度仪,连续式平整度仪(或颠簸累积仪或激光平整度仪、或手推断面仪),混凝土回弹仪,压力试验机

二、公路工程试验检测机构等级评定程序

1. 申请的受理和初审

（1）公路水运工程试验检测机构申请公路水运工程试验检测机构等级评定,应填报《公路水运工程试验检测机构等级评定申请书》,并按《办法》第九条规定,向省级交通质量监督机构（以下简称省质监机构）提交申请材料一份。

(2)省质监机构收到申请材料后,应按照《办法》第十一条要求进行认真核查,及时做出书面受理或者不受理的决定。

所申请的等级属于部交通运输部工程质量监督机构负责评审范围的,省质监机构应在10个工作日内完成核查工作。对于受理的,退回申请材料中相关材料的原件,出具核查意见,并将申请材料转报部交通运输部工程质量监督机构。

《办法》第九条　申请公路水运工程试验检测机构等级评定,应向所在地省级交通质监机构提交以下材料(一式两份):

(一)《公路水运工程试验检测机构等级评定申请书》;

(二)申请人法人证书原件及复印件;

(三)通过计量认证的,应当提交计量认证证书副本的原件及复印件;

(四)检测人员考试合格证书和聘(任)用关系证明文件原件及复印件;

(五)所申报试验检测项目的典型报告(包括模拟报告)及业绩证明;

(六)质量保证体系文件。

从《办法》第九条可以看出,公路水运工程试验检测机构需要按照《检验检测机构资质认定评审准则》的有关规定,建立符合试验检测机构实际的质量体系。

《办法》第十条　公路水运工程试验检测机构等级评定工作分为受理、初审、现场评审3个阶段。

《办法》第十一条　省级交通质监机构认为所提交的申请材料齐备、规范、符合规定要求的,应当予以受理;材料不符合规定要求的,应当及时退还申请人,并说明理由。

所申请的等级属于交通运输部工程质量监督机构评定范围的,省级交通质监机构核查后出具核查意见并转送交通运输部工程质量监督机构。

所申请的等级属于省级交通质监机构评定范围的,但申报的试验检测项目有属于交通运输部工程质量监督机构评定范围的,对该项目的评审,省级交通质监机构应当报请交通运输部工程质量监督机构同意,评审专家从交通运输部工程质量监督机构专家库中抽取,交通运输部工程质量监督机构对该项目的评审进行监督抽查。

交通运输部工程质量监督机构或省质监机构对受理的申请材料应按照《办法》第十二条要求进行初审。初审发现问题需要澄清的,质监机构应当通知申请人予以澄清,并出具《公路水运工程试验检测机构等级评定申请补正通知书》;初审不合格的,质监机构应当及时说明理由;初审合格的进入现场评审阶段。

(3)初审时应关注的主要内容。

①试验检测水平、人员及检测环境等条件是否与所申请的等级标准相符。

②申报的试验检测项目范围及设备配备与所申请的等级是否相符。

③采用的试验检测标准、规范和规程是否合法有效。

④检定和校准是否按规定进行。

⑤质量保证体系是否具有可操作性。

⑥是否具有良好的试验检测业绩。

(4)增项申请。

①增项申请应填报《公路水运工程试验检测机构等级评定申请书》中增项相关内容。

②增项申请必须以检测项目为单位,不得申请单个或多个参数的增项。

③增项原则上应是试验检测机构等级标准范围内的检测项目,特殊情况下,可对试验检测

等级标准范围外,但在现行交通行业标准、规范内规定的检测项目中申请增项。

④增项数量应不超过本等级检测项目数量的50%,增项检测项目对人员、环境等对应条件的要求应在申报材料中体现。

增项评审的注意事项:

①就增项的参数提出申请,按照评审范围递交申请。

②必须以检测项目为单位,不得申请单个或多个参数的增项。

③对于增加的参数需注意人员数量和专业是否满足要求。

④增项数量是否超出规定。

(5)同一检测机构申请多项等级。

①同一人所持的多个专业检测资格证书,可在不同的检测等级申报中使用,但不得超过2次。

②除行政、技术、质量负责人外,其他持单一专业检测资格证书的人员不得重复使用。

③不同等级的专业重叠部分检测用房可共用,不重叠部分检测用房必须独立分别满足要求,以保证试验检测工作的正常开展。

④不同等级专业重叠部分的仪器设备可交叉使用,但对用量大的仪器设备应有数量规模要求,省质监机构初审可视具体情况掌握。

2. 现场评审的规定

现场评审是通过对申请人完成试验检测项目的实际能力、检测机构申报材料与实际状况的符合性、资料保证体系和运转等情况的全面核查。

现场评审所抽查的试验检测项目,原则上应当覆盖申请人所申请的试验检测各大项目。抽取的具体参数应当通过抽签方式确定。

(1)现场评审准备

①现场评审时间一般为2天,现场评审专家组由质监机构组建,人数一般为3人以上单数。如申请人申请多个资质或申请1个资质另加增项检测项目,评审组人数可适当增加。现场评审专家组设组长1名,负责主持现场评审工作。现场评审过程中,质监机构可派人员进行过程监督。

②现场评审5个工作日前,质监机构应向申请人发出《公路水运工程试验检测机构等级评定现场评审通知书》,属于交通运输部工程质量监督机构评定范围的增项申请,由交通运输部工程质量监督机构向申请单位所在的省质监机构发出《试验检测项目评审任务书》。

③现场评审专家组由质监机构在其所建的公路水运工程试验检测专家库中随机抽取。被选专家与被评定的检测机构有利害关系的,在现场评审前应主动向部交通运输部工程质量监督机构提出回避。

(2)现场评审程序及内容

①预备会议。

在首次会议前,评审组长应组织预备会议,明确现场评审计划及专家分工,提请专家现场评审应注意的有关事项。

参加人员:评审组、监督人员。

监督人员一般为省级交通质监机构(局)人员或市质量监督站人员。

②首次会议。

a. 介绍评审任务和依据。

任务:按照《公路水运工程试验检测等级评定现场评审通知书》或《试验检测项目评审任务书》,对被评审检测机构做出公平、公正、公开、科学的现场评审,提出现场评审意见。

依据:《公路水运工程试验检测机构等级评定办法》《公路水运工程试验检测机构等级标准》。

b. 介绍评审组成员组成,宣布现场评审计划考核内容和人员分工。

c. 对检测机构提出评审工作要求。

d. 检测机构随机抽取现场操作项目,并随即指定人员操作。

e. 检测机构负责人介绍机构总体情况。

参加人员:评审组、监督人员、被评审检测机构主要人员。

③现场总体考察。

现场总体考察的目的是从宏观上评价检测机构总体情况,评审组可按试验监测工作流程,重点考察。

a. 试验室面积、总体布局、环境、设备管理状况等情况。

b. 可能存在的薄弱环节。

c. 对环境、安全防护等有特殊要求的项目。

④分组专项考核的相关内容。

按现场评审计划及分工,评审组成员分档案组,硬件环境组和技术考核组,每组考核的内容有所不同。

A. 档案材料组

通过对档案和内业资料的查阅,考核申请人的业绩、检测能力、管理的规范性和人员资格等情况。其内容包括:

a. 按照《检验检测机构资质认定评审准则》4.2.1款和4.2.5款的要求建立和保持人员管理程序,确保人员的录用、培训、管理等按规范进行。应确保人员理解其工作的重要性和相关性,明确实现管理体系质量目标的职责。按照规定检验检测机构应对从事抽样、检验检测、签发检验检测报告或者证书、提出意见和解释以及操作设备等工作的人员,按要求根据相应的教育、培训、经验、技能进行资格确认并持证上岗。查验试验检测人员的职称证书、检测资格证书是否真实有效。检查技术负责人和质量负责人的资格以及试验检测人员的专业配置是否满足要求,试验检测报告的审核、签发人是否具备试验检测工程师资格,签字领域和考证批准的是否一致,人员的岗位确认记录,监督记录等。

b. 检测机构是否为所有持证人员签订劳动合同且办理三险(五险)。

c. 所有强制性试验检测项目的原始记录和试验检测报告或模拟检测报告是否齐全,抽查不少于10%的强制性项目和5%的非强制性项目检测报告的正确性、科学性、规范性。对于有模拟报告而无业绩的项目,检测机构应提交比对试验报告,或由现场评审专家组织比对试验进行确认。

d. 试验检测项目适用的标准、规范和规程是否齐全且现行有效。

e. 质量保证体系文件完整性、适宜性、运行的有效性。

f. 收样、留样和盲样运转记录是否齐全、合理。

盲样管理是为了保证检测数据的公正,将客户信息隐藏不被试验者了解而进行的样品管理方式。

任务单(样品单)中的样品信息应是除了客户信息以外的有关样品的信息,如名称、规格(牌号)、数量、用途(若判定需要)、产地(若需要)等。

模拟报告应是对真实样品按照规范标准检测所的报告,与业绩报告的差异只是缺少资质印章。

为了方便了解试验检测机构人员配置及对人员的管理水平,检验检测机构应保留所有技术人员的相关授权、能力、教育、资格、培训、技能、经验和监督的记录,并包含授权、能力确认的日期。通过建立人员技术(业绩)档案体现管理的水平和体系运行的状态。

人员的技术档案不同于人事档案,通过技术档案,可以了解人员在业务方面的水平和专长。技术档案至少包括：

a. 人员简历；

b. 学历证明；

c. 职称证明；

d. 资格证书(上岗证书)；

e. 培训证书；

f. 岗位确认记录；

g. 监督记录；

h. 荣誉证书；

i. 年度工作总结；

j. 内审员证书；

k. 所发表的论文、论著等；

l. 其他。

人员技术档案中的各类证书如资格证书、培训证书、荣誉证书等可为复印件。原件另行保存。年度工作总结等数量每年都有变化的记录,为了方便管理建议写成 1+1+1+1… 格式。

B. 硬件环境组

通过现场复核性检查,考核检测机构硬件实际状况是否与所申请材料的内容一致,是否满足等级标准的要求。检查的主要内容包括：

a. 试验检测场地的面积是否满足要求,检查被评审检测机构用房的产权。若是租赁,租赁合同是否长期有效(租期≥5年为长期)。

b. 逐项核查仪器设备的数量和运行使用状况与申请材料是否符合。强制性设备不得缺少；非强制性设备配置率应不低于80%,低于此比例的每缺1台(套)扣0.5分。

c. 仪器设备管理状况。逐一核查仪器设备的使用记录、维修记录、检定/校准证书。重点核查有疑问仪器设备的购货凭证(购货发票及合同原件)。所有仪器设备必须具有所有权,不得租赁。

d. 试验检测场所是否便于集中有效管理,试验环境是否满足要求。

e. 样品的管理条件是否符合要求。

硬件设施是一个检测机构的重要组成部分,它和人员一样,缺一不可,各家检测机构由于检测用房条件不同,在检测室、设备的布局方面各不相同,但是无论如何,检测用房应满足规范标准的试验条件要求,符合检测流程的需要,方便试验；各检测用房面积合理,避免检测用房总面积满足要求,但个别检测室过于拥挤的现象。检测场所不应分散影响管理。

试验环境是否满足要求,应根据规范标准对试验环境如温度、湿度、振动干扰、化学试剂的存储条件等进行评价。

仪器设备档案的管理是十分重要的,它是检测机构管理体系的一个重要组成部分,档案内容为监测数据的准确、可靠提供相关的证据。设备档案至少包含以下内容:

a. 设备名称、型号、制造厂商、购置日期、出厂编号、本单位固定资产管理编号、保管人、防止地点、目前状态(在用、停用、报废)。

b. 说明书,若是外文说明书应有使用说明及校准部分的中文译文。

c. 仪器检定、校准或校验情况记录,包括检定校准日期、周期、证书号、检定单位及电话、有效期、送检人、计量检定(校准)证书原件。

d. 购置仪器的申请、仪器装箱单、验收清单、验收日期及验收记录、仪器启用日期。

e. 仪器设备使用记录,期间核查记录,仪器设备损坏、故障、修理记录、仪器设备维护保养记录,设备存放位置变更记录和仪器设备报废情况记录。

根据交通试验检测机构的特点和《检验检测机构资质认定评审准则》的要求,为了方便检测机构试验仪器设备的档案管理,形成了设备档案目录清单、仪器设备管理卡、仪器设备验收清单,具体见表2-6~表2-8。

设备档案目录清单(参考)格式表　　　　　　　　　　　　　表2-6

序 号	内 容	页 次	备 注
1	仪器设备管理卡	1	
2	说明书	5	
3	产品合格证	1	
4	购置申请	1	
5	验收单	1	
6	检定校准证书	1+1+1+…	
7	仪器使用记录	1	
8	维护保养记录	1	
9	期间核查记录	0	
10	设备的购置发票(复印件)	1	
11	维修、改装记录		
12	其他		

仪器设备管理卡表　　　　　　　　　　　　　表2-7

名 称		型号/规格	
生产厂商		购置价格	
出厂编号		购置日期	
管理编号		启用日期	
存放地点		管理人	

注:考虑检定校准证书数量每年都在发生变化,因此记录时不宜填写总量,建议写成"1+1+1+…"的形式。

仪器设备验收清单格式　　　　　　　　　表2-8

_____检测中心

设备名称		型号/规格	
生产厂家		出厂编号	
购置价格		出厂日期	
验收日期		验收人	
随机附件	1. 装箱单		
	2. 合格证		
	3. 说明书		
	4. 其他		
随机配件			
使用功能情况			
设备接收(使用)人		接收日期	
备注			

样品的管理应包含如下几个方面的要求：

a. 注意样品信息的完整性。对于待检样品至少应有名称、规格、样品编号、数量、龄期(若需要)、检测状态。留样的样品,除前面所要求的信息外,还应增加留存日期、保存期限等。

b. 待检样品的完整性和数量应符合规程规范的要求。

c. 存储情况。无论是待检或留样均应满足温湿度的要求,如水泥、化学用品以及标准物质的存储保管。

d. 试验室建立样品的唯一标识系统是样品管理的关键环节,样品除名称、种类等信息外,还应有状态标识,表明该样品的检测/校准状态,是待检、在检、还是已检。每个样品都应有唯一编号。当一组样品有多个试件时,应有统一样品编号和试件序号,以免错拿样品或试验室无样品序号出现数据记录错误。

常见样品状态标识格式见表2-9。

常见样品状态标识表　　　　　　　　　表2-9

样品名称	
样品规格(数量)	
样品编号	
检测状态	□待检　　□在检　　□已检

C. 技术考核组

通过查验检测机构的试验记录、报告,考核现场试验操作,检查试验检测人员能否完整、规范、熟练地完成检测项目试验,评价检测机构的试验检测技术能力。检查的主要内容如下：

a. 检查业务流程。业务委托、合同评审、任务分派、样品管理、报告审批是否规范。

b. 试验检测记录和报告。在覆盖所有检测项目的基础上,抽查不少于10%的必选参数和5%的可选参数的试验检测记录和报告。重点检查依据标准是否适宜、是否执行技术标准、信息是否完整正确、结论表述是否正确,以及签字、用章的规范性等。

c. 现场试验操作考核。现场试验操作考核参数一般应采取随机抽取的方式确定,且应覆盖所申请评定的等级能力范围的所有检测项目,并不低于必选参数总量的15%,同时抽取相应参数的检测人员。对于有模拟报告而无业绩且未能提交比对试验报告的参数,应进行现场试验操作考核。主要考核内容如下:

Ⅰ.操作人员的检测证书,确认是否为所申报的人员。
Ⅱ.检测人员的实际操作过程是否完整、规范、熟练。
Ⅲ.随机抽查试验检测人员相关试验检测知识。
Ⅳ.提交的现场操作项目报告的规范性、完整性。
Ⅴ.对从事涉及结构安全的基桩、钢结构、混凝土结构、桥梁隧道工程等检测项目的主要操作人员进行现场考核。

换证复核现场评审应侧重考核难度较大、等级证书有效期内未开展或开展频率低、标准规范发生变更、能力验证结果存在问题的检测参数。

技术能力的确认。评审组根据技术能力考核情况,确认检测机构的试验检测能力范围。有必要对参数检测方法或范围、设备的测量范围、精确度等做出限制时,评审组应予以注明。

通过现场操作考核,检查试验检测人员能否完整、规范、熟练地完成试验检测项目,从而评定申请人所具有的实际试验检测能力。

3. 评审报告

现场评审结束后,专家评审组应当向质监机构出具《现场评审报告》,主要内容包括:
(1)现场考核评审意见;
(2)公路水运工程试验检测机构等级评分表;
(3)现场操作考核项目一览表;
(4)两份典型试验检测报告。

第三节 公路工程试验检测机构 CMA 计量认证

计量认证是指省级以上人民政府计量行政部门根据《中华人民共和国计量法》的规定,对产品质量检验机构的计量检定、测试能力和可靠性、公正性进行的考核。计量认证工作为提高产品的质量水平和全民质量意识、促进国家经济建设作出了不可磨灭的贡献。一方面,计量认证工作可以推进试验检测工作标准化、规范化,提高质检机构的管理水平和检测水平;另一方面,计量认证合格证书作为进入市场的准认证,可以为质检机构进入市场拓宽业务领域创造良好的条件。

百年大计,质量为本。公路工程试验检测机构在当前交通基本建设中有着不可缺少的作用,而只有通过计量认证的公路工程试验检测机构,才能对公路工程质量进行检测,出具试验检测报告,并对出具的检测报告负法律责任。

一、计量认证在公路工程中的重要性

《计量法》**第二十二条** 为社会提供公正数据的产品质量检验机构,必须经省级以上任命政府计量行政部门对其检定、测试能力和可靠性进行考核合格。

《计量法实施细则》称这种考核为"产品检验机构的质量认证"。近些年交通基本建设规模的扩大,市场竞争日趋激烈,导致产品质量良莠不齐。而道路建筑材料的质量是公路工程质量的重要保证。因此,对承担其试验检测任务的公路工程试验检测机构出具的检测数据必须保证科学、公正、准确、可靠。

二、计量认证的前期准备工作

1. 建立质量体系

为了使检定检验结果始终保持可靠,就必须对可能影响结果的各种因素和环节进行全面控制、管理,使这些影响因素都处于受控状态,所以,要按系统学的原理建立起一个体系。因此,建立质量体系并使之有效运行是质量计量检测所质量管理的主要任务。

2. 确定质量方针和质量目标

《评审准则》规定,技术机构应明文规定达到良好工作和鉴定检验服务的质量方针和质量目标并作出承诺。为实现检定检验质量目标,使检定检验工作更加标准化、规范化、程序化和制度化,确保鉴定检验成果具有科学性、先进性、客观性和公正性,满足各方面的需求,应将质量方针和质量目标纳入质量手册,要求所有人员学习并贯彻执行。

3. 明确职责

设立综合业务室,制定较为完善的质量体系,设立保证检定检验工作质量的各种措施和规章制度,具备较为完善的质量保证体系。

4. 计量认证相关资料的收集

(1) 基础标准。

(2) 与申请的公路工程试验检测参数相关的产品技术标准、测试方法等标准,整理归档。

5. 公路工程试验检测仪器设备及计量器具

(1) 能配备齐全的与申请计量认证项目内容所需的仪器设备和辅助设备。

(2) 编制仪器设备作业指导书、管理制度、搜集和编制自检校规程等。

(3) 对不属于计量器具的设备,根据公路工程试验检测的要求,编写自校规程,制定检定周期,定期进行自校并做好记录。

6. 公路工程试验检测人员培训

(1) 组织全体公路工程试验检测人员参加交通部组织的执业资格考试,并要求全体成员取得公路工程试验检测工程师或检测员的资格证书方可上岗,从事计量检定人员则接受计量行政部门或计量技术机构组织的培训,经考核合格取证后,才能从事考试合格项目的计量校定工作。

(2) 主要由试验室技术负责人制定详细的贯标培训、组织学习相关的法律、法规以及规范性文件和标准。

(3) 到已经通过计量认证的公路工程试验检测机构参观学习,取长补短,以提高自身的业务与管理水平。

7. 编制质量管理体系文件

(1)《质量管理手册》的编制。《质量管理手册》在质量管理体系文件中是最重要的组成部分,它要求我们制定目标和质量方针,发表公正性声明,如实反映了公路工程试验检测机构的测试能力及管理水平,是计量认证评审时判断试验室能否完成其申请的计量认证的检测项目,是能否通过计量认证的重要依据。

(2)《程序文件》的编制。《程序文件》是对完成各项质量试验检测活动的方法做出具体的规定,是《质量管理手册》的支持性文件。

(3)技术负责人和质量负责人的职责和权力。

公路工程试验检测机构与一般的行政单位不同,要确保质量保证体系的正常运作和完善,技术和质量负责人起着重要的作用。行政领导可以监督技术负责人、质量负责人的工作,但不能代替他们的工作,也不能随意干预技术负责人和质量负责人独立工作。

三、计量认证项目的申报

公路工程试验检测机构承担公路工程中使用的原材料及其道路建筑材料的试验、检测任务。工作重点是原材料进场检验。由于路用产品种类繁多,如果按产品种类申报,许多参数将无法检测,势必要投入较大的资金和人员数量,给申报认证单位带来不必要的负担。在实际工作中,只针对公路工程中交通部的强制性标准要求的强制性检测项目或非强制检测参数开展检验,以保证计量认证的内容名副其实且能满足公路工程施工现场的要求。

四、内部审核

编制《质量管理手册》目的是指导质量保证体系的有效运转,也为了检验运行文件是否符合认证准则的要求。对质量体系运行情况进行内部的监督审核是查找问题的有效方式,也是推动质量体系有效运行的重要工作,要求公路工程试验检测机构的内审工作每年进行2次,负责内审的人员必须要经过省级以上技术监督局的培训和考试合格,并取得由技术监督局颁发的"内审员"资格证书。

五、计量认证的作用

公路工程试验检测机构计量认证工作已经为政府、社会和用户所接受和认可,计量认证也已广为人知,CMA已成为国内社会公认的评价质量检验机构的重要标志。在产品质量检验和检测等领域,已将计量认证列为检验市场准入的必要条件,随着时间的推移,计量认证工作仍将继续为我国产品和工程质量检验事业作贡献。我国加入世界贸易组织后,计量认证工作为我国保护国内检测市场的一种技术壁垒,也发挥着越来越重要的作用。总之,公路工程试验检测机构在更广泛地为政府和社会提供服务,不断根据市场要求,拓宽检测范围的同时,应充分重视到计量认证在检测工作中的重要作用,并及时对计量认证工作的经验进行总结,使计量认证成为质检中心发展前进中不可或缺的一股力量;使计量认证工作对规范检测工作真正起到监督作用。

 思考与练习

1. 信用评价中机构评价与人员评价各包含多少项失信行为,分别是什么?
2. 机构评价分为几个等级,信用评分分别是多少?
3. 申请公路水运工程试验检测机构等级评定,应向所在地省站提交哪些材料?
4. 简述公路工程试验检测机构资质认定程序。
5. 人员档案一般包含哪些内容?
6. 计量认证的前期准备工作都有哪些?
7. 简述计量认证在公路工程中的重要性。

第三章 检测数据处理

 学习目标

(1) 理解抽样检验基础知识,熟悉公路工程检测项目、频率和取样要求。
(2) 掌握有效数字的定义及数字的修约规则。
(3) 掌握检测数据的统计特征和可疑数据的取舍方法。
(4) 了解误差分析的基本知识。

公路工程质量的评价是以各种试验检测数据为依据的,试验检测采集得到的大量原始数据必须经过分析处理,如有些数据要经过无量纲化处理之后才具备可比性,而且数据中还存在各种误差,甚至还有一些错误数据要被剔除。因此,原始数据一定要经过科学的分析处理,才能取得可靠的试验检测成果。

第一节 抽样检验

检验是对被检查项目的特征和性能进行检查、检测、试验等,并将结果与标准规定的要求进行比较,以判定其是否合格所进行的活动。检验是公路工程质量控制的重要环节,是保证公路工程质量的必要手段。

检验可分为全数检验和抽样检验两大类。全数检验是对一批产品中的每一个产品进行检验,从而判断该批产品质量状况;抽样检验是从一批产品中抽出少量的单个产品进行检验,从而判断该批产品质量状况。

全数检验较抽样检验可靠性好,但检验工作量大,往往难以实现;抽样检验方法以数理统计学为理论依据,具有很强的科学性和经济性。公路工程不同于一般产品,它是一个连续的整体,且采用的质量检测手段又多属于破坏性的。所以,就公路工程质量检验而言,不可采用全数检验,只能采用抽样检验,即从待检工程中抽取样本,根据样本的质量检查结果,推断整个待检工程的质量状况。

一、总体与样本

总体:又称母体,是统计分析中所需研究对象的全体。
个体:组成总体的每个单元。
样本:又称子样,即从总体中抽取的一部分个体。
样本容量:是样本中所含样品的数量,通常用 n 来表示。
如:一批水泥有 500 袋,为了检测这批水泥的指标,随机抽取了 20 袋,每袋取样 1 份,共 20 个试样进行试验。则这 500 袋水泥是总体,每 1 袋称为个体。这 20 个试样称为样本,样本容量为 20。

二、抽样检验的类型

抽样是从总体中抽取样本的过程,通过对样本的检验推测了解总体。抽样检验可分为非随机抽样和随机抽样两大类。

1. 非随机抽样

进行人为地、有意识地挑选取样即为非随机抽样。非随机取样中,人的主观因素占主导作用,由此所得到的质量数据,往往会对总体作出错误的判断。因此,采用非随机抽样方法所得的检验结论,其可信度较低。

2. 随机抽样

随机抽样排除了人的主观因素,使待检总体中每一个产品具有同等被抽取到的机会。只有随机抽样的样本才能客观地反映总体的质量状况。这类方法所得到的数据代表性强,质量检验的可靠性得到了基本保证。因此,随机抽样是以数理统计的原理,根据样本取得的质量数据来推测、判断总体的一种科学抽样检验方法,因而被广泛应用。

三、随机抽样的方法

随机抽样的方法有多种,公路工程质量检验的随机抽样方式一般采用单纯随机抽样、系统抽样和分层抽样。

1. 单纯随机抽样

单纯随机抽样,也称简单随机抽样,是一种最简单、最基本的抽样方法。在进行单纯随机抽样时,要求对总体中每个个体进行编码,利用抽签、随机数字等方法抽取样本,特点是每个个体被抽到的概率相等。例如,同一台班内,由同一焊工完成的 300 个同牌号、同直径焊接接头作为一批,从中随机切取 6 个接头,其中 3 个做拉伸试验,3 个做弯曲试验。

2. 系统抽样

系统抽样,又称等距抽样,它是先将总体中各单位按一定顺序排列,根据样本容量要求确定抽选间隔,然后随机确定起点,每隔一定间隔抽取一个单位的抽样方式。例如,用 3m 直尺测定 2km 的沥青路面的平整度时,每 200m 划分为一段,每段测 2 处,每处连续 10 尺。这时可以掷骰子或者用其他随机方法确定起始位置,如从 K0 + 15 作为起始位置,然后分别测定 K0 + 215、K0 + 415、K0 + 615 等位置的路面平整度。

系统抽样适用于连续作业,产品为连续体或流水作业中的工序质量控制;但当产品质量特性发生变化时,容易产生较大偏差。

3. 分层抽样

一项工程或工序往往是由若干不同的班组施工的。分层抽样法就是依据此类情况,将工程或工序分为若干层,可以从所有分层中按一定比例取样。分层抽样法便于了解每层的质量状况,分析每层产生质量问题的原因。例如,同一生产厂家生产的每种规格或型号的钢绞线,都应抽样检验一次。

相比于简单随机抽样,分层抽样可以消除层间差异性对总体标本标准误差的影响。

第二节 有效数字及检测数据的修约规则

一、有效数字

为了取得准确的检测结果,不仅要准确抽样检测、测量,而且还要正确记录与计算。这就要求正确记录数字的位数,因为数字位数不仅表示数字的大小,也反映测量的准确程度。所谓有效数字,是指在分析工作中实际能够测量到的数字。能够测量到的是包括最后一位估计的不确定的数字。我们把通过直读获得的准确数字叫作可靠数字;把通过估读得到的那部分数字叫作存疑数字。把测量结果中能够反映被测量大小的带有一位存疑数字的全部数字叫做有效数字。

在记录检测数据时,从一个数的左边第一个非0数字起,到末位数字止,所有的数字都是这个数的有效数字。例如:0.0109,前面两个0不是有效数字,后面的109均为有效数字。

有效数字保留的位数,应根据分析方法与仪器的准确度来决定,一般使测得的数值中只有最后一位是可疑的。例如在分析天平上称取试样0.5000g,这不仅表明试样的质量为0.5000g,还表明称量的误差在±0.0002g以内。如将其质量记录成0.50g,则表明该试样是在台称上称量的,其称量误差为0.02g,故记录数据的位数不能随意增加或减少。如在上例中,在分析天平上,测得称量瓶的质量为10.4320g,这个记录说明有6位有效数字,最后一位是可疑的。因为分析天平只能称准到0.0002g,即称量瓶的实际质量应为(10.4320 ± 0.0002)g,无论计量仪器如何精密,其最后一位数总是估计出来的。因此,所谓有效数字就是保留末一位不准确数字,其余数字均为准确数字。同时从上面的例子也可以看出,有效数字和仪器的准确程度有关,即有效数字不仅表明数量的大小,而且也反映测量的准确度。

二、检测数据的修约规则

根据我国科学技术委员会正式颁布的《数字修约规则》,公路检测中测定和计算得出的各种数值需要修约时,按以下规则进行:通常称为"四舍六入五成双"法则,即当尾数≤4时舍去,尾数≥6时进位。当尾数=5时,要看5前是奇数还是偶数,5前为偶数应将5舍去,5前为奇数应将5进位。

这一法则的具体运用如下:

(1)拟舍去的数字中,其最左面的第一位数字小于5时,则舍去留有余地下的数字不变。如:18.2432保留一位小数,最左面的是4,小于5,舍去。

(2)若被舍弃的第一位数字大于5,则其前一位数字进1,例如28.2645处理成3位有效数字时,其被舍去的第一位数字为6,大于5,则有效数字应为28.3。

(3)若被舍弃的第一位数字等于5,而其后数字全部为零时,则视被保留末位数字为奇数或偶数(零视为偶)而定进或舍。末位数是奇数时进1,末位数为偶数时则不进,例如28.350、28.250、28.050处理成3位有效数字时,分别为28.4、28.2、28.0。

(4)若被舍弃的第一位数字为5,而其后的数字并非全部为零时,则进1,例如28.2501,只取3位有效数字时为28.3。

(5)若被舍弃的数字包括几位数字时,不得对该数字进行连续修约,而应根据以上各条作一次处理。如 2.154546,只取 3 位有效数字时,应为 2.15,而不得按下面方法连续修约为 2.16:2.154546→2.15455→2.1546→2.155→2.16。

三、修约间隔

修约间隔指的是保留位数的一种方式,修约间隔的数值一旦确定,修约值即应该为该数值的整数倍。公路工程检测中常用的几个修约间隔如下。

1. 修约间隔为 0.1

修约间隔为 0.1,即修约值应在 0.1 的整倍数中选取,也就是将数值修约到 1 位小数。例如,将 30.26 修约到 0.1,得 30.3。

2. 修约间隔为 0.2

修约间隔为 0.2,即修约值应在 0.2 的整倍数中选取。例如,3m 直尺检测路面平整度试验中,用深度尺测试点的最大间隙,准确至 0.2mm。

3. 修约间隔为 0.25

修约间隔为 0.25,即修约值应在 0.25 的整倍数中选取。例如,回弹法检测水泥混凝土抗压强度时,测量碳化深度,每次读数精确至 0.25mm。

4. 修约间隔为 0.5

修约间隔为 0.5,即修约值应在 0.5 的整倍数中选取。例如,回弹法检测水泥混凝土抗压强度时,计算 3 次碳化深度的平均值,结果保留至 0.5mm。

第三节 检测数据的统计特征量

公路工程检测数据的统计特征量分为两类:一类表示数据的集中位置和规律性,例如算术平均值、中位数、加权平均值等;另一类表示数据的差异性和波动性,主要有极差、标准偏差等;有时还需要把这两类基本特征量联合起来说明问题,如变异系数等。

一、算术平均值

算术平均值是表示一组数据集中位置最有用的统计特征量,经常用样本的算术平均值来代表总体的平均水平。总体平均值用 μ 表示,样本的算术平均值则用 $\bar{X}$ 表示,如果一个样本数据为果 $x_1, x_2, \cdots, x_n$,那么,样本的算术平均值为

$$\bar{X} = \frac{1}{n}(x_1 + x_2 + \cdots + x_n) = \frac{1}{n}\sum_{i=1}^{n} x_i \tag{3-1}$$

[例 3-1] 水泥胶砂强度试验中,一组试件 3d 的抗折强度检测值分别为 $R_{c1} = 3.6\text{MPa}$,$R_{c2} = 3.5\text{MPa}$,$R_{c3} = 4.0\text{MPa}$。求该组试件 3d 抗折强度的平均值。

解:由式(3-1)可知,$\overline{R_C} = \dfrac{3.6 + 3.5 + 4.0}{3} = 3.7\text{MPa}$

二、中位数

在一组数据 $X_1, X_2, X_3, \cdots, X_n$ 中，按其大小次序排序，以排在正中间的一个数表示总体的平均水平，称之为中位数，或称中值，用 M_d 表示。n 为奇数时，正中间的数只有一个；n 为偶数时，正中间的数有两个，则取这两个数的平均值作为中位数，即

$$M_d = \begin{cases} x_{\frac{n+1}{2}} & (n \text{ 为奇数}) \\ \dfrac{1}{2}(x_{\frac{n}{2}} + x_{\frac{n}{2}+1}) & (n \text{ 为偶数}) \end{cases} \tag{3-2}$$

三、极差

一组数据中最大值与最小值之差，称为极差，记作 R。

$$R = X_{\max} - X_{\min} \tag{3-3}$$

极差没有充分利用数据的信息，但计算十分简单，仅适用样本容量较小 ($n < 10$) 的情况。

四、标准偏差

标准偏差有时也称标准离差、标准差或均方差，它是衡量样本数据波动性（离散程度）的指标。在试验检测中，总体的标准偏差 σ 一般不易求得。样本的标准偏差 S 按式(3-4)计算：

$$S = \sqrt{\frac{(x_1 - \bar{x})^2 + (x_2 - \bar{x})^2 + \cdots + (x_n - \bar{x})^2}{n-1}} = \sqrt{\frac{\sum_{i=1}^{n}(x_i - \bar{x})^2}{n-1}} \tag{3-4}$$

五、变异系数

标准偏差反映样本数据的绝对波动状况，当测量较大的量值时，绝对误差一般较大；而测量较小的量值时，绝对误差一般较小，因此，用相对波动的大小，即变异系数更能反映样本数据的波动性。

变异系数用 C_V 表示，它是标准偏差 S 与算术平均值 $\bar{X}$ 的比值，即

$$C_V = \frac{S}{\bar{X}} \times 100\% \tag{3-5}$$

六、代表值

在《公路工程质量检验评定标准》中，规定了某些评定指标算术平均值的上、下置信界限值，称为该指标的代表值，在指标的评定中起到总体水平、规定扣分界限及区分质量优劣的作用。代表值一般是通过公式，利用均方差及平均值计算出来的。

例如，对路段内路面结构层厚度按代表值的允许偏差和单个测定值的允许偏差来进行评定。厚度代表值为厚度的算术平均值的下置信界限值，即

$$h_L = \bar{h} - S \cdot \frac{t_\alpha}{\sqrt{n}} \tag{3-6}$$

式中：h_L——厚度代表值；

$\bar{h}$——厚度平均值;

S——标准差;

n——检查数量;

t_α——t 分布中随测点数和保证率(置信度 α)而变的系数。采用的保证率:高速、一级公路基层、底基层为 99%,面层为 95%;而其他公路基层、底基层为 95%,面层为 90%。

当厚度代表值大于等于设计厚度减去代表值允许偏差时,则按单个检查的偏差是否超过极限值来评定合格率;当厚度代表值小于设计厚度减去代表值允许偏差时,则相应分项工程不合格。

公路工程质量检验评定方法中,还涉及其他指标的代表值,如弯沉代表值、压实度代表值等,在后文具体检测项目中再进行详细介绍。

第四节 可疑数据的取舍方法

在一组条件完全相同的重复试验中,个别的测量值可能会出现异常,如测量值过大或过小,这些过大或过小的测量数据是不正常的,或称为可疑的。对于这些可疑数据应用数理统计的方法判别其真伪,并决定其取舍。常用的方法有拉依达法、肖维纳特法、格拉布斯法等。

一、拉依达法

当试验次数较多时,可简单地用 3 倍标准偏差($3S$)作为确定可疑数据取舍的标准。当某一测量数据与其测量结果的算术平均值之差大于 3 倍标准偏差时,用式(3-7)表示为

$$|x_i - \bar{x}| > 3S \tag{3-7}$$

则该测量数据应舍弃。

这是美国混凝土标准中所采用的方法,由于该方法是以 3 倍标准差作为判别标准,所以亦称 3 倍标准偏差法,简称 $3S$ 法。取 $3S$ 的理由是:根据随机变量的正态分布规律,在多次试验中,测量值落在 $\bar{x}+3S$ 与 $\bar{x}-3S$ 之间的概率为 99.73%,出现在此范围之外的概率仅为 0.27%,也就是在近 400 次试验中才能遇到一次,这种事件为小概率事件,出现的可能性很小,几乎是不可能的。因而在实际试验中,一旦出现,就认为该测量数据是不可靠的,应将其舍弃。另外,当测量值与平均值之差大于 2 倍标准偏差(即 $|x_i - \bar{x}| > 2S$)时,则该测量值应保留,但需存疑。如发现生产(施工)、试验过程中有可疑的变异时,该测量值则应予舍弃。

[例3-2] 试验室内进行同配比的混凝土强度试验,其试验结果为($n=10$):23.0MPa、24.5MPa、26.0MPa、25.0MPa、24.8MPa、27.0MPa、25.5MPa、31.0MPa、25.4MPa、25.8MPa,试用 $3S$ 法决定其取舍。

解: 分析上述 10 个测量数据,$X_{min}=23.0$MPa 和 $X_{max}=31.0$MPa 最可疑。故应首先判别。

经计算:$\bar{x}=25.5$MPa,$S=2.10$MPa

$$|x_{max} - \bar{x}| = |31.0 - 25.8| = 5.2\text{MPa} < 3S = 6.3\text{MPa}$$

$$|x_{min} - \bar{x}| = |23.0 - 25.8| = 2.82\text{MPa} < 3S = 6.3\text{MPa}$$

故上述测量数据均不能舍弃。

优缺点:拉依达法简单方便,不需查表,但要求较宽,当试验检测次数较多或要求不高时可以应用;当试验检测次数较少时(如 $n<10$),在一组测量值中即使混有异常值,也无法舍弃。

二、肖维纳特法

进行 n 次试验,其测量值服从正态分布,以概率 $1/(2n)$ 设定一判别范围 $(-K_xS, K_xS)$,当偏差(测量值 x_i 与其算术平均值 $\bar{x}$ 之差)超出范围时,就意味着该测量值 x_i 是可疑的,应予舍弃。因此,肖维纳特法可疑数据舍弃的标准为

$$|x_i - \bar{x}| > K_n S \tag{3-8}$$

则将 x_i 剔除。

式中:K_n——肖维纳特系数,与试验次数 n 有关,见表 3-1。

肖维纳特系数表 表 3-1

n	K_n	n	K_n	n	K_n	n	K_n	n	K_n	n	K_n
3	1.38	8	1.86	13	2.07	18	2.20	23	2.30	50	2.58
4	1.53	9	1.92	14	2.12	19	2.22	24	2.31	75	2.71
5	1.65	10	1.96	15	2.13	20	2.24	25	2.33	100	2.81
6	1.73	11	2.00	16	2.15	21	2.26	30	2.39	200	3.02
7	1.80	12	2.03	17	2.17	22	2.28	40	2.49	500	3.20

肖维纳特法改善了拉依达法,但从理论上分析,当 $|x_i - \bar{x}| \leq K_n S$ 时,所有异常值都无法舍弃。此外,肖维纳特系数与置信水平之间无明确联系。

[**例 3-3**] 试验室内进行同配比的混凝土强度试验,其试验结果为 ($n=10$):23.0MPa、24.5MPa、26.0MPa、25.0MPa、24.5MPa、27.0MPa、25.5MPa、31.0MPa、25.4MPa、25.8MPa,试用肖维纳特法决定其取舍。

解:查肖维纳特系数表,当 $n=10$ 时,$K_n = 1.96$。对于测量值 31.0,则有:

$$|x_i - \bar{x}| = |31.0 - 25.8| = 5.2 \geq K_n S = 4.1$$

说明测量数据 31.0 是异常的,应予舍弃。这一结论与用拉依达法的结果是不一致的。

三、格拉布斯法

格拉布斯法是假定测量结果服从正态分布,根据顺序统计量来确定可疑数据的取舍。

进行 n 次重复试验,测得试验结果为 $x_1, x_2, \cdots, x_n$,该结果服从正态分布,为了检验 $x_i(i=1,2,\cdots,n)$ 中是否有可疑值,可将 x_i 按其值由小到大顺序重新排列,得:$x_{(1)} \leq x_{(2)} \leq x_{(3)} \cdots \leq x_{(n)}$。

根据顺序统计原则,给出标准化顺序统计量 $g = \dfrac{|x_i - \bar{x}|}{S}$,根据格拉布斯统计量的分布,在指定的显著性水平 β(一般 $\beta = 0.05$)下,求得判别可疑值的临界值 $g_{0(\beta,n)}$,格拉布斯法的判别标准为

$$|x_i - \bar{x}| > g_{0(\beta,n)} S \tag{3-9}$$

即若 $g \geq g_0(\beta, n)$,则该测量可疑值是异常的,应予以舍去,格拉布斯系数见表 3-2。

格拉布斯系数表——临界值 $g_{0(\beta,n)}$ 表 3-2

n	β		n	β	
	0.05	0.01		0.05	0.01
3	1.135	1.155	17	2.475	2.785
4	1.463	1.492	18	2.504	2.821
5	1.672	1.749	19	2.532	2.854
6	1.822	1.944	20	2.557	2.884
7	1.938	2.097	21	2.580	2.912
8	2.032	2.231	22	2.603	2.939
9	2.110	2.323	23	2.624	2.963
10	2.176	2.410	24	2.644	2.987
11	2.234	2.485	25	2.663	3.009
12	2.285	2.550	30	2.745	3.103
13	2.331	2.607	35	2.811	3.178
14	2.371	2.659	40	2.866	3.240
15	2.409	2.705	45	2.914	3.292
16	2.443	2.747	50	2.956	3.336

[例 3-4] 试验室内进行同配比的混凝土强度试验,其试验结果为($n=10$):23.0MPa、24.5MPa、26.0MPa、25.0MPa、24.5MPa、27.0MPa、25.5MPa、31.0MPa、25.4MPa、25.5MPa,试用格拉布斯法判别其真伪。

解:(1)测量数据按由小到大次序排列如下:

23.0　24.5　24.8　25.0　25.4　25.5　25.8　26.0　27.0　31.0

(2)计算数据特征量。

$\bar{x} = 25.8\text{MPa}$;$S = 2.1\text{MPa}$

(3)计算统计量。

由于 $g(10) > g(1)$,首先判别 $x_{10} = 31.0$。

(4)选定显著性水平 $\beta = 0.05$,并根据 $\beta = 0.05$ 和 $n = 10$,由格拉布斯系数表查得 $g_0(0.05,10) = 2.18$。

(5)判别。

由于 $g(10) = 2.48 > g_0(0.05,10) = 2.18$,所以 $x_{10} = 31.0$ 为异常值,应予舍弃。这一结论与肖维纳特法结论是一致的。

仿照上述方法继续对余下的 9 个数据进行判别,经计算没有异常值。

应用上述三种判断准则时应注意以下几点:

(1)剔除可疑数据时,首先应对样本观测值中最小值和最大值进行判断,因为这两个值极有可能是可疑数据;并应按照与计算平均值偏差的大小顺序来检验,首先检验偏差最大的数,如果这个数不被剔除,则所有的其他数都不应被剔除,也就不需要再检验其他数据了。

(2)可疑数据每次只能剔除一个,然后按剩下的样本观测值,重新计算平均值和标准偏差,再做第二次判断,如此逐个地剔除,直至所有剩下的值不再是可疑数据为止。不允许一次同时剔除多个样本观测值。

(3)采用不同准则对可疑数据判断时,可能会出现不同的结论,此时要对所选用准则的适用范围、给定的检验水平的合理性以及产生可疑数据的原因等作进一步的分析。

第五节 误差分析

在试验检测过程中,由于试验仪器精度的限制、试验检测方法的不完善、试验检测人员认识能力的不足和科学水平的限制等方面的原因,造成测量的结果与其真实值之间存在一定差值,这个差值就称为误差。

由于误差的存在,使我们对客观现象的本质及其内在规律的认识受到某种程度的限制。因此,必须分析误差产生的原因、性质及其对测试结果的影响,并采取有效的措施,尽可能地减少误差。

试验结果都具有误差,误差自始至终存在于一切科学试验和检测过程中。随着科学技术的发展,人们认识水平的提高以及实践经验的增加,误差可以被控制得越来越小,但是不能完全消除。

一、真值

真值即真实值,是指在一定条件下,被测量客观存在的实际值。真值通常是个未知量,一般所说的真值是指理论真值、规定真值和相对真值。

理论真值:也称绝对真值,如平面三角形三内角之和恒为180°。

规定真值:也称约定真值,国际上公认的某些基准量值。

相对真值:计算器具按精度不同分为若干等级,上一等级的指示值即为下一等级的真值,此真值称为相对真值。

二、误差

根据误差表示方法的不同,可分为绝对误差和相对误差。

1. 绝对误差

绝对误差是指实测值与被测之量的真值之差,即

$$\Delta L = L - L_0 \tag{3-10}$$

式中:ΔL——绝对误差;

L——实测值;

L_0——被测物体的真值。

绝对误差具有以下性质:

(1)它是有单位的,与测量时采用的单位相同。

(2)它能表示测量的数值是偏大还是偏小及偏离程度。

(3)它不能确切地表示测量所达到的精确程度。

2. 相对误差

相对误差是绝对误差与被测真值(或实际值)的比值,即

$$\delta = \frac{\Delta L}{L} \times 100\% \tag{3-11}$$

式中：δ——相对误差；

ΔL——绝对误差；

L——真值。

相对误差具有以下性质：

(1)它是无单位的,通常以百分数表示,而且与测量所采用的单位无关。

(2)能表示误差的大小和方向,因为相对误差大时绝对误差也大。

(3)能表示测量的精确程度。

三、误差的来源

1. 装置误差

装置误差主要指由设备装置的设计制造、安装、调整与运用引起的误差。

2. 环境误差

环境误差是指由于各种环境因素达不到要求的标准状态所引起的误差。

3. 人员误差

人员误差是指测试者生理上的最小分辨力和固有习惯引起的误差。

4. 方法误差

方法误差是指测试者未按规定的操作方法进行试验所引起的误差。

四、误差的分类

1. 系统误差

在同一条件下,多次重复测试同一量时,误差的数值和正负号有较明显的规律。系统误差通常在测试之前就已经存在,而且在试验过程中,始终偏离一个方向,在同一试验中其大小和符号相同。

2. 随机误差

在相同条件下,多次重复测试同一量时,出现误差的数值和正负号没有明显的规律,它是由许多难以控制的微小因素造成的。

3. 过失误差

过失误差明显地歪曲试验结果,如测错、读错、记错或计算错误等。含有过失误差的测量数据是不能采用的,必须利用一定的准则从测得的数据中剔除。因此,在进行误差分析时,只考虑系统误差与随机误差。

第六节　路基路面现场随机取样方法

为了公正、合理地反映工程质量状况,取样的位置不应带有任何倾向性,应根据随机数表来确定现场取样的具体位置,详见《公路路基路面现场测试规程》(JTG E60—2008)。

应用随机数表确定现场取样位置时,应事先准备好编号从 1~28 的 28 块硬纸片,每块大小 2.5 cm×2.5 cm,并将其装入布袋中。测定区间或断面和测点位置的确定方法如下。

一、测定区间或断面的确定方法

(1)路段确定。根据路基路面施工或验收、质量评定方法等有关规范决定需检测的路段,可以是一个作业段、一天完成的路段或路线全程。在路基路面工程检查验收时,通常以 1 km 为一个检测路段。

(2)将确定的测试路段划分为一定长度的区间或按桩号间距(一般为 20 m)划分若干个断面,并按 $1,2,\cdots,T$ 进行编号,其中 T 为总的区间数或断面数。

(3)从布袋中随机摸出一张硬纸片,硬纸片上号数即为随机数表中的栏号,从 1~28 栏中选出该栏号的一栏。

(4)按照测定区间数、断面数的频度要求(总的取样数为 n,当 $n>30$ 时应分次进行),依次找出与 A 列中 $01,02,\cdots,n$ 对应的 B 列中的值,共 n 对对应的 A、B 值。

(5)将 n 个 B 值与总的区间数或断面数 T 相乘,四舍五入取整数,即得到 n 个断面的编号。

二、测点位置的确定方法

(1)从布袋中任意取出一张硬纸片,硬纸片上的号数即为随机数表中的栏号,从 1~28 栏中选出该栏号的一栏。

(2)按照测点数的频度要求(总的取样数为 n)依次找出栏号的取样位置数,每个栏号均有 A、B、C 三列。根据检验数量 n(当 n 大于 30 时应分次进行),在所选定栏号的 A 列找出等于所需取样位置数的全部数,如 $01,02,\cdots,n$。

(3)确定取样位置的纵向距离。找出与 A 列中相对应的 B 列中的数值,以此数乘以检测区间的总长度,并加上该段的起点桩号,即可得取样位置距该段起点的距离或桩号。

(4)确定取样位置的横向距离,找出与 A 列中相对应的 C 列中的数值,以此数乘以路基路面的宽度,再减去宽度的一半,即得出取样位置离路中心线的距离。如差值是正值,表示在中心线的右侧;如差值是负值,表示在中心线的左侧。

 思考与练习

1. 某路段二灰碎石基层无侧限抗压强度结果见表 3-3。

强度值 RC(MPa)　　　　　　　　　　　　　　　　表 3-3

0.792	0.306	0.968	0.804	1.201	1.075
0.447	0.894	0.702	0.424	0.498	0.815

请分别用拉依达法、肖维纳特法和格拉布斯法对上述数据进行取舍判别。

2. 某路段垫层施工质量检查中,用标准轴载测得 15 个点的弯沉分别为 100、101、110、108、98、96、96、102、110、95、98、93、96、103、96、103、104(单位:0.01 mm),试算该结构层弯沉值的算术平均值、中位数、极差、标准偏差和变异系数。

第四章 检测项目与工程质量评定

学习目标

(1) 了解公路工程检测涵盖的项目。
(2) 掌握工程质量的评分方法。
(3) 了解工程实体检测的抽查频率和检测项目。

一、公路工程检测涵盖的项目和内容

随着我国经济的不断发展,公路行业也得到了飞迅发展。作为基础设施的公路,其建设投资不断增大,同时公路的技术等级水准也不断提高。公路工程的相关标准规范体系得到进一步的完善,公路的试验检测技术也不断提高。在当前的公路工程施工中,公路工程质量试验检测技术已经在整个公路的施工过程中起到非常重要的作用。

从广义上说,公路工程试验检测包含的范围比较大,主要涵盖了原材料试验检测、混合料配合比试验检测、施工控制检测、交竣工验收检测和公路技术状况评定检测。

原材料试验检测,指的是对公路工程结构中使用的原材料、成品、半成品及设备进行相关的质量检测,确定其力学或结构性能。混合料配合比试验检测,指在公路工程结构中用到的一些混合料,例如水泥混凝土、沥青混合料等,确定其各个原材料使用的比例的试验。施工控制检测,则是在公路工程施工过程中,对施工质量进行控制的试验检测方法。交竣工验收检测则是在公路工程进入交工验收阶段或者竣工验收阶段需要进行的检测工作。公路技术状况评定检测,是在役公路在使用达到一定年限或者使用中遇到严重的质量问题时,为确定养护方式依据进行的试验检测及路况调查。

二、工程质量评定方法

(一)工程项目的划分

一个公路建设项目是很庞杂的,为了便于质量控制管理,根据建设任务、施工管理和质量检验评定的需要,在施工准备阶段将建设项目划分为单位工程、分部工程和分项工程。同一项目中,施工单位、监理单位和建设单位须按相同的工程项目划分进行工程质量的监控和管理。

在建设项目中,根据签订的合同,具有独立施工条件和结构功能的工程称为单位工程。在单位工程中,按路段长度、结构部位及施工特点划分为若干个分部工程。在分部工程中,又可按不同的施工工序、工艺及材料等划分为若干个分项工程。

单位工程、分部工程和分项工程应在施工准备阶段按照表4-1进行划分。

一般建设项目的工程划分 表4-1

单位工程	分部工程	分项工程
路基工程 (每10km或每标段)	路基土石方工程(1~3km路段)①	土方路基,石方路基,软土地基处治,土工合成材料处治层等

续上表

单 位 工 程	分 部 工 程	分 项 工 程
路基工程 (每10km或每标段)	排水工程(1~3km路段)①	管节预制,混凝土排水管施工,检查(雨水)井砌筑,土沟,浆砌水沟,盲沟,跌水,急流槽,水簸箕,排水泵站沉井、沉淀池等
	小桥及符合小桥标准的通道,人行天桥,渡槽(每座)	钢筋加工及安装,砌体,混凝土扩大基础,钻孔灌注桩,混凝土墩、台、墩、台身安装,台背填土,就地浇筑梁、板,预制安装梁、板,就地浇筑拱圈,混凝土桥面板桥面防水层,支座垫石和挡块,支座安装,伸缩装置安装,栏杆安装,混凝土护栏,桥头搭板,砌体坡面护坡,混凝土构件表面防护,桥梁总体等
	涵洞、通道(1~3km路段)①	钢筋加工及安装,涵台,管节预制,管座及涵管安装,波形钢管涵安装,盖板预制,盖板安装,箱涵浇筑,拱涵浇(砌)筑,倒虹吸竖井、集水井砌筑,一字墙和八字墙,涵洞填土,顶进施工的涵洞,砌体坡面防护,涵洞总体等
	砌筑防护工程(1~3km路段)①	砌体挡土墙,墙背填土,边坡锚固防护,土钉支护,砌体坡面防护,石笼防护,导流工程等
	大型挡土墙,组合挡土墙(每处)	基础,墙身,墙背填土,构件预制,构件安装,筋带、锚杆、拉杆,总体等
路面工程 (每10km或每标段)	路面工程(1~3km路段)①	垫层、底基层、基层、面层、路缘石、路肩等
桥梁工程② (每座或每合同段)	基础及下部构造(1~3墩台)③	钢筋加工及安装,预应力筋加工和张拉,预应力管道压浆,混凝土扩大基础,钻孔灌注桩,挖孔桩,沉入桩,灌注桩桩底压浆,地下连续墙,沉井、沉箱、钢围堰的混凝土封底,承台等大体积混凝土结构,砌体,混凝土墩、台、墩、台身安装,支座垫石和挡块,拱桥组合桥台,台背填土等
	上部构造预制和安装(1~3跨)③	钢筋加工及安装,预应力筋加工和张拉,预应力管道压浆,预支安装梁、板,悬臂施工梁,顶推施工梁,转体施工梁,拱圈节段预制,拱的安装,转体施工拱,中下承式拱吊杆和柔性系杆,刚性系杆、钢梁制作,钢梁安装,钢梁防护等
	上部构造现场浇筑(1~3跨)③	钢筋加工及安装,预应力筋的加工和张拉,预应力管道压浆,就地浇筑梁、板,悬臂施工梁,就地浇筑拱圈,劲性骨架混凝土拱,钢管混凝土拱,中下承式拱吊杆和柔性系杆,刚性系杆等
	桥面系、附属工程及桥梁总体	钢筋加工及安装,混凝土桥面板桥面防水层,钢桥面板上防水黏结层,混凝土桥面板桥面铺装,钢桥面板上沥青混凝土铺装,支座安装,伸缩装置安装,人行道铺设,栏杆安装,混凝土栏杆,钢桥上钢护栏安装,桥头搭板,混凝土小型构件预制,砌体坡面护坡,混凝土构件表面防护,桥梁总体等
	防护工程	砌体坡面护坡,护岸④,导流工程等
	引道工程	见路基工程、路面工程的分项工程
隧道工程⑤	总体及装饰装修(每座或每合同段)	隧道总体、装饰装修工程
	洞口工程(每个洞口)	洞口边仰坡防护,洞门和翼墙的浇(砌)筑,截水沟、洞口排水沟、明洞浇筑、明洞防水层,明洞回填

续上表

单位工程	分部工程	分项工程
隧道工程⑤	洞身开挖(100延米)	洞身开挖
	洞身衬砌(100延米)	喷射混凝土,锚杆,钢筋网,钢架,仰拱,仰拱回填,衬砌钢筋,混凝土衬砌,超前锚杆,超前小导管,管棚
	防排水(100延米)	防水层,止水带、排水
	路面(1~3km路段)①	基层,面层
	辅助通道⑥(100延米)	洞身开挖,喷射混凝土,锚杆,钢筋网,钢架,仰拱,仰拱回填,衬砌钢筋,混凝土衬砌,超前锚杆,超前小导管,管棚,防水层,止水带、排水
绿化工程(每合同段)	分隔带绿地,边坡绿地,护坡道绿地,碎落台绿地,平台绿地(每2km路段),互通式立体交叉区与环岛绿地,管理养护设施区绿地,服务设施区绿地,取、弃土场绿地(每处)	绿地整理,树木栽植,草坪、草本地被及花卉种植,喷播绿化
声屏障工程(每合同段)	声屏障工程(每处)	砌块体声屏障,金属结构声屏障,复合结构声屏障
交通安全设施(每20km或每标段)	标志,标线、突起路标,轮廓标(5~10km路段)①	标志,标线、突起路标,轮廓标
	护栏(5~10km路段)①	波形梁护栏,缆索护栏,混凝土护栏,中央分隔带开口护栏
	防眩设施、隔离栅、防落网(5~10km路段)①	防眩板、防眩网、隔离栅、防落物网等
	里程碑和百米桩(5km路段)	里程碑、百米桩
	避险车道(每处)	避险车道
附属设施	管理中心,服务区,房屋建筑,收费站,养护工区等设施	按其专业工程质量检验评定标准评定

注:①按路段长度划分的分部工程,高速公路、一级公路宜取低值,二级及二级以下公路可取高值。
②分幅桥梁按照单幅划分,特大斜拉桥和悬索桥按照《公路工程质量检验评定标准 第一册 土建工程》(JTG F80/1—2017)附表A-2划分。
③按单孔跨径确定的特大桥取1,其余根据规模取2或3。
④护岸可参照挡土墙进行划分。
⑤双洞隧道每单洞作为一个单位工程。
⑥辅助通道包括竖井、斜井、平行导坑、横通道、风道、地下风机房等。

公路工程质量检验评定应符合下列规定:

(1)分项工程完工后,(施工单位)应按照《公路工程质量检验评定标准 第一册 土建工程》(JTG F80/1—2017)进行检验,对工程质量进行评定。隐蔽工程在隐蔽前应检查合格。

(2)分部工程、单位工程完工后,应汇总评定所属分项工程,分部工程质量资料,检查外观质量,对工程质量进行评定。

(二)工程质量检验

(1)分项工程应按基本要求、实测项目、外观质量和质量保证资料等检验项目分别检查。

(2)分项工程质量应在所使用的原材料、半成品、成品及施工控制要点上符合基本要求的规定,无外观质量限制缺陷且质量保证资料真实齐全时,方可进行检验评定。

(3)基本要求检查应符合下列规定:
①分项工程应对所列基本要求逐项检查,经检查不符合规定时,不得进行工程质量的检验评定。
②分项工程所用的各种原材料的品种、规格、质量及混合料配合比和半成品、成品应符合有关技术标准规定并满足设计要求。

(4)实测项目检验应符合下列规定:
①对检查项目按规定的检查方法和频率进行随机抽样检验并计算合格率。
②本标准规定的检查方法为标准方法,采用其他高效检测方法应经比对确认。
③本标准中以路段长度规定的检查频率为双车道路段的最低检查频率,对多车道应按车道数与双车道之比相应增加检查数量。
④应按式(4-1)计算检查项目合格率。

$$检查项目合格率(\%) = \frac{检查合格的点(组)数}{该检查项目的全部检查点(组)数} \times 100 \quad (4-1)$$

(5)检查项目合格判定应符合下列规定:
①关键项目的合格率应不低于95%(机电工程为100%),否则该检查项目为不合格。
②一般项目的合格率应不低于80%,否则该检查项目为不合格。
③有规定数值的检查项目,任一单个检测值不应突破规定极值,否则该检查项目为不合格。
④采用《公路工程质量检验评定标准 第一册 土建工程》(JTG F80/1—2017)附录B~附录S所列方法进行检验评定的检查项目,不满足要求时,该检查项目为不合格。

(6)对外观质量应进行全面检查,并满足规定要求,否则该检验项目为不合格。

(7)工程应有真实、准确、齐全、完整的施工原始记录、试验检测数据、质量检验结果等质量保证资料。质量保证资料应包括下列内容:
①所用原材料、半成品和成品质量检验结果。
②材料配合比、拌和加工控制检验和试验数据。
③地基处理、隐蔽工程施工记录和桥梁、隧道施工监控资料。
④质量控制指标的试验记录和质量检验汇总图表。
⑤施工过程中遇到的非正常情况记录及其对工程质量影响分析评价资料。
⑥施工过程中如发生质量事故,经处理补救后达到设计要求的认可证明文件等。

(8)检验项目评为不合格的,应进行整修或返工处理直至合格。

（三）工程质量评定

（1）工程质量等级应分为合格与不合格。

（2）分项工程、分部工程、单位工程质量评定应有符合《公路工程质量检验评定标准 第一册 土建工程》(JTG F80/1—2017)附录 K 规定的资料。

（3）分项工程质量评定合格应符合下列规定：
①检验记录应完整。
②实测项目应合格。
③外观质量应满足要求。

（4）分部工程质量评定合格应符合下列规定：
①评定资料应完整。
②所含分项工程及实测项目应合格。
③外观质量应满足要求。

（5）单位工程质量评定合格应符合下列规定：
①评定资料应完整。
②所含分部工程应合格。
③外观质量应满足要求。

（6）评定为不合格的分项工程、分部工程，经返工、加固、补强或调测，满足设计要求后，可重新进行检验评定。

（7）所含单位工程合格，该合同段评定为合格；所含合同段合格，该建设项目评定为合格。

三、原材料及混合料检测项目和频率

施工单位对工程质量进行控制，检测评率按照《公路工程质量检验评定标准 第一册 土建工程》(JTG F80/1—2017)要求进行，监理单位和第三方检测机构对工程质量的抽检频率按照表 4-2 实施。

四、工程实体检测频率和项目

（一）交竣工验收检测频率

（1）路基工程压实度、边坡每千米抽查不少于 1 处。路基弯沉逐车道连续检测。
（2）排水工程的断面尺寸每千米抽查 2~3 处，铺砌厚度按合同段抽查。
（3）小桥抽查不少于总数的 20%。
（4）涵洞抽查不少于总数的 10%。
（5）支挡工程抽查不少于总数的 10% 且每种类型抽查不少于 1 处。
（6）路面工程的弯沉、平整度逐车道连续检测，其他抽查项目每千米不少于 1 处。
（7）特大桥、大桥逐座检查；中桥抽查不少于总数的 50%。桥梁下部工程，特大桥、大桥少于 5 个墩台的逐个检查，多于 5 个墩台的抽查总数的 50%；中桥抽查墩台总数的 50%。
（8）隧道逐座检查。
（9）交通安全设施中防护栏每千米抽查 1 处；标志抽查不少于总数的 10%。

公路试验检测项目、频率及取样要求

表 4-2

序号	试验类别	试验项目及参数	施工自检频率	监理抽检频率	取样方法	取样容器、数量
1	土	颗粒分析、液限、塑性指数、承载比CBR、最大干密度、最佳含水率、天然含水率	(1)开工前检验一次,施工过程中每5000m³检验一次。(2)天然含水率:压实前随时检测	开工前检验一次,施工过程中每25000m³检验一次	按 T 0101—2007、T 0102—2007要求取具有代表性的样品	编织袋,100kg
2	细集料（水泥混凝土用）	筛分、含泥量、泥块含量	每批次进场检验一次,每检验批代表数量不得超过200m³	每检验批代表数量不得超过1000m³	按 T 0301—2005 取样。先铲除表面无代表性的部分,然后在料堆的顶部、中部、底部取得大致相等的若干份组成一组试样。抽检混合料合成级配时也可在拌和楼直接取料	编织袋,10kg
3	粗集料（水泥混凝土用）	筛分、含泥量、针片状颗粒、压碎值	每批次进场检验一次,每检验批代表数量不得超过400m³	每检验批代表数量不得超过2000m³		编织袋,筛分等30kg,压碎值料10kg
4	集料（水泥稳定或级配碎石）	筛分、含泥量、针片状颗粒、压碎值、颗粒组成（合成级配）	每批次进场检验一次,每检验批代表数量不得超过1000m³	每检验批代表数量不得超过5000m³	—	编织袋,30kg
5	粗集料（沥青混凝土用）	颗粒组成、含泥量、针片状颗粒含量、0.075mm颗粒含量、压碎值、颗粒密度及吸水率	每批次进场检验一次,每检验批代表数量不得超过1000m³	每检验批代表数量不得超过5000m³		编织袋,筛分30kg,压碎值料10kg
		黏附性、石料酸碱性、软石含量	必要时做	必要时做		
6	细集料（沥青混凝土用）	颗粒组成、含泥量（小于0.075mm含量）、砂当量、密度	每批次进场检验一次,每检验批代表数量不得超过500m³	每检验批代表数量不得超过2500m³	按《公路工程集料试验规程》(JTG E42—2005)要求取具有代表性的样品	编织袋,10kg
		棱角性	必要时做	必要时做		

续上表

序号	试验类别	试验项目及参数	施工自检频率	监理抽检频率	取样方法	取样容器、数量
7	矿粉	筛分、含水率	每批次进场检验一次,每检验批代表数量不得超过100t	每检验批代表数量不得超过500t	按JTG E42—2005要求取具有代表性的样品	水泥留样桶,2kg
		表观密度、塑性指数、亲水系数、加热安定性	必要时做	必要时做		
8	水泥	细度、比表面积、标准稠度用水量、凝结时间、安定性、胶砂强度	每批次进场检验一次,每检验批代表数量袋装不得超过200t,散装500t	每检验批代表数量袋装不得超过1000t,散装2500t	按T 0501—2005水泥取样方法从20个以上不同部位取等量样品作为一组试件。提供产品材质单	水泥留样桶,总量至少6kg
9	粉煤灰	细度、烧失量、含水率、三氧化硫	每批次进场检验一次,每检验批代表数量不超过200t	每检验批代表数量不超过1000t	从每批中任抽10袋,每袋取试样不少于1kg,混合均匀后按四分缩样。提供材质单	水泥留样桶,重量大于3kg
10	钢筋原材	极限强度、屈服强度、伸长率、冷弯	每批次进场检验一次,每检验批代表数量不超过60t	每检验批代表数量不超过300t	取两根原材,每根截取冷弯和拉伸试件各一根。提供材质单	取拉伸试样2根,长度500mm,取冷弯试样2根,长度:(150+5d)mm;分组用绑线绑扎
11	钢筋机械连接	极限强度	同一施工条件下采用同一批材料的同等级、同形式、同规格接头,以500个为一个验收批,不足500个也作为一个验收批,随机取3个试件进行检验	同一施工条件下采用同一批材料的同等级、同形式、同规格接头,每2500个为一个验收批,随机取3个试件进行检验	(1)在钢筋骨架安装时,随机截取接头试件。(2)套筒长度L必须大于2d+10mm(d为钢筋直径)(3)提供材质单	取3个机械连接试样,3个原材试样。长度50cm,分组用绑线绑扎

续上表

序号	试验类别	试验项目及参数	施工自检频率	监理抽检频率	取样方法	取样容器、数量
12	焊接钢筋	极限强度、闪光对焊弯曲	以300个同接头形式、同钢筋级别的接头作为一批	以1500个同接头形式、同钢筋级别的接头作为一批	从不同部位随机取样,闪光对焊弯曲试样应对焊接表面进行抛光	分组用绑线绑扎;闪光对焊绑扎6根(其中3根做冷弯,需将焊口磨平,搭接焊取3根
13	钢绞线	极限强度、屈服强度、伸长率、松弛试验	机械力学性能试验:每批次进场检验一次,每检验批代表数量不得超过60t,松弛试验:同一生产厂家每一种规格或型号检验一次	监理单位监督见证施工单位的取样过程,共同送检外委试验	每批任选3盘,每盘取1根做拉伸、1根做松弛;提供材质单	分组用绑线绑扎,每根长度100cm,松弛240cm
14	锚板、夹片	外观、硬度、锚固系数	每批次进场检验一次,每检验批代表数量不超过100套	监理单位监督见证施工单位的取样过程,共同送检外委试验	从不同部位随机抽取试样,提供材质单	木箱或纸箱;外观检查抽取10%且不少于5套,硬度检验5%且不少于5套,静载试验3套
15	土工隔栅	外观拉伸屈服力、屈服伸长率、2%伸长率、5%伸长率时的拉伸力	每批次进场检验一次,每检验批代表数量不超过200卷	监理单位监督见证施工单位的取样过程,共同送检外委试验	按T 1101—2006取样方法在整卷材料上截取所需要的试样	在同一批土工隔栅产品中随机抽取5卷,每卷截取1m作为样品,共5件
16	土工布	规格尺寸、单位面积质量、宽条拉伸强度、伸长率、顶破强度、渗透系数	每批次进场检验一次,每检验批代表数量不超过5000m³	监理单位监督见证施工单位的取样过程,共同送检外委试验	按T 1101—2006取样方法在整卷材料上截取所需要的试样并提供合格证、材质单	分组用绑线绑扎,4m²
17	塑料波纹管、聚乙烯双壁波纹管	外观、冲击性能、环刚度、局部横向荷载、烘箱试验	每批次进场检验一次,每检验批代表数量不超过10000m	监理单位监督见证施工单位的取样过程,共同送检外委试验	现场取样,拉伸取样长度100cm,6根,抗弯试样60d,3根。提供合格证、材质单	分组用绑线绑扎;拉伸取样长度100cm,6根,抗弯试件60d,3根

续上表

序号	试验类别	试验项目及参数	施工自检频率	监理抽检频率	取样方法	取样器、数量
18	伸缩缝	外观、物理力学性能	每批次进场检验一次,每检验批代表数量不超过500m	监理单位监督见证施工单位的取样过程,共同送检外委试验	根据检测需要取样。提供合格证、材质单	—
19	橡胶支座	外观、极限抗压强度、弹性模量、老化、转角	每批次进场检验一次,每检验批代表数量不超过200块	监理单位监督见证施工单位的取样过程,共同送检外委试验	每批逐个进行外观质量检查,再从每批至少3块中取3块进行物理力学性能试验。提供合格证、材质单	至少3块进行物理力学性能试验
20	盆式支座	外观、极限抗压强度、弹性模量、老化、转角	每批次进场检验一次,每检验批代表数量不超过20块	监理单位监督见证施工单位的取样过程,共同送检外委试验	每批逐个进行外观质量检查,再从每批至少3块中取3块进行物理力学性能试验。提供合格证、材质单	至少3块进行物理力学性能试验
		探伤检测	每批次进场检验一次	监理单位监督见证施工单位的取样过程,共同送检外委试验		
21	混凝土外加剂	拌和物性能检验、匀质性检验	根据生产厂家和生产设备条件,将产品分批编号。同品种的外加剂每一编号为100t,掺量大于1%(含1%)的外加剂每一编号小于1%的外加剂每一编号为50t,不足50t的也可按一个批量计。以进场的同批产品数量为一检验批,不同批号产品应分别取样	监理单位监督见证施工单位的取样过程,共同送检外委试验	所取的样品应具有代表性,从3个或更多的点取样,量均匀混合而取得的试样等。提供合格证、材质单	密封容器取样;取样品两份,一份试验,一份封存留样。每份质量大于2.5L或2.5kg

续上表

序号	试验类别	试验项目及参数	施工自检频率	监理抽检频率	取样方法	取样容器、数量
22	轮廓标	外观、色度性能、光度性能	每批次进场检验一次,每批不超过3000个	监理单位监督见证施工单位的取样过程,共同送检外委试验	根据要求随机取样。提供合格证、材质单	5块
23	突起路标	发光强度系数、抗压荷载	每批次进场检验一次	监理单位监督见证施工单位的取样过程,共同送检外委试验	根据要求随机取样。提供合格证、材质单	6个
24	反光膜	外观、色度性能、光度性能、抗拉荷载、附着性能	每批次进场检验一次	监理单位监督见证施工单位的取样过程,共同送检外委试验	根据要求随机取样。提供合格证、材质单	3块,20cm×20cm
25	防护栏立柱	外观、几何尺寸、防腐层性能	每批次进场检验一次,每批不超过10000根	监理单位监督见证施工单位的取样过程,共同送检外委试验	根据要求随机取样。提供合格证、材质单	3段,每段40cm
26	拼接螺栓	整体抗拉荷载	每批次进场检验一次	监理单位监督见证施工单位的取样过程,共同送检外委试验	根据要求随机取样。提供合格证、材质单	8套,≥133kN

续上表

序号	试验类别	试验项目及参数	施工自检频率	监理抽检频率	取样方法	取样容器、数量
27	隔离栅	外观、几何尺寸、防腐层性能	每批次进场检验一次，每批不超过1000卷	监理单位监督见证施工单位的取样过程，共同送检外委试验	根据要求随机取样。提供合格证、材质单	1块
28	标线涂料	外观、密度、不干胎干燥时间、抗压强度、耐磨性能、色度性能、加热稳定性	每批次进场检验一次，每批不超过100t	监理单位监督见证施工单位的取样过程，共同送检外委试验	根据要求随机取样。提供合格证、材质单	密封容器取样，2kg
29	道路石油沥青	密度、针入度、针入度指数、延度(15℃)、软化点、老化试验(蒸发残留物含量TFOT(或RTFOT)后残留物)	(1)进场时每批次检验一次，每检验批代表数量不超过2000t。(2)施工期间每两天一次	监理单位抽检不低于施工单位的20%	按T 0601—2000沥青取样法，流体状沥青按液面上、中、下位置各取规定数量样品。固体状沥青从桶、袋、箱装或散装整块中取样，应在表面以下及容器侧面以内至少5cm处采样。提供合格证、材质单	乳化沥青用塑料桶取5L,其他沥青用1L带盖搪瓷缸不少于600mL
		溶解度、闪点、燃点、延度(10℃)、含蜡量	必要时做	必要时做		
		黏度、残留物含量、溶解度、针入度、延度(15℃)、常温储存稳定性	(1)进场时每批次检验一次，每检验批代表数量不超过2000t。(2)施工期间每两天一次	监理单位抽检不低于施工单位的20%		
30	乳化沥青	破乳速度、与粗集料的黏附性、与粗细粒式集料拌和试验	必要时做	必要时做	现场容器中取样	

续上表

序号	试验类别	试验项目及参数	施工自检频率	监理抽检频率	取样方法	取样容器、数量
31	改性沥青	针入度、针入度指数、软化点、延度、弹性恢复	进场时每车次或每天检验1次	监理单位抽检不低于施工单位的20%	按T 0601—2000沥青取样法,流体状沥青按液面上、中、下位置各取规定数样品。固体沥青从桶、袋、箱装或散装整块中取样,应在表面以下及容器侧面内至少5cm处采样	乳化沥青用塑料桶取5L,其他沥青用1L带盖搪瓷缸取不少于600mL
		黏韧性、TFOT(或RTFOT)后残留运动黏度(135℃)、闪点、溶解度、韧性、弹性恢复(25℃)	必要时做	必要时做		
32	改性乳化沥青	残留物含量、针入度、软化点、储存稳定性、破乳速度、与粗集料的黏附性、与粗、细粒式集料拌和试验	进场时每车次或每天检验1次。其中储存稳定性每5天1次	监理单位抽检不低于施工单位的20%		
		溶解度、储存稳定性、延度(5℃)、黏度	必要时做	必要时做		
33	沥青混合料	矿料级配	每台拌和机每天2次,必要时随时抽检	监理单位每天可随时抽检	按T 0701—2000沥青混合料取样法制件	抽检级配,沥青用量取10kg。马氏试件4个一组。车辙一组3块
		沥青用量(油石比)	每台拌和机每天2次,必要时随时抽检	监理单位每天至少1次,必要时随时抽检		
		孔隙率、稳定度、流值	每台拌和机每天2次,以4个试样的平均值评定	监理单位每天至少1次,必要时随时抽检		

续上表

序号	试验类别	试验项目及参数	施工自检频率	监理抽检频率	取样方法	取样容器数量
34	水泥混凝土	抗压强度	(1)浇筑一般小体积的结构物（如基础、墩台）时，每一单元结构物应制取2组。(2)连续浇筑大体积结构时，每80~200m³或每一工作班应制取2组。(3)上部结构，主要构件长16m以下应制取1组，16~30m制取2组，31~50m制取3组，50m以上者不少于5组。小型构件每批或每工作班至少制取2组。(4)每根钻孔桩至少制取2组；桩长20m以上者不少于3组；桩径大时不少于4组。如换工作班时，每工作班应制取2组。(5)构筑物（小桥涵、挡土墙、每处或每工作班制取不少于2组。当由同一拌和站拌制相同配合比材料和配合比相同时，可几处合并制取2组。(6)应根据施工需要，另制取与结构物同条件养护的试件，作为拆模、吊装、张拉预应力、承受荷载等施工阶段的强度依据	监理单位抽检不低于施工单位的20%，必要时可随时抽检	不同强度等级及不同配合比的混凝土应在浇筑地点或拌和地点分别随机制取试件	每组3块

72

续上表

序号	试验类别	试验项目及参数	施工自检频率	监理抽检频率	取样方法	取样容器、数量
35	水泥砂浆	抗压强度	每个构造物每工作班制取2组	监理单位抽检不低于施工单位的20%,必要时可随时抽检	不同强度等级及不同配合比的砂浆应在浇筑地点或拌和地点分别随机制取试件	交通行业标准每组6块,国标3块
36	水泥稳定材料	水泥剂量、混合料级配、含水率、无侧限抗压强度、最大干密度、最佳含水率	(1)水泥剂量:每个拌和站每2小时抽检1组,怀疑时可随时抽检(每组两个平行试验)。 (2)混合料级配:混合料每天至少2组,怀疑时可随时抽检。 (3)拌和站含水率:至少每2000m²一次。 (4)无侧限抗压强度:每工作班1组,若在一工作班内摊铺长度大于500m制备2组。 (5)最大干密度、最佳含水率:同配合比同料场1次,怀疑时可随时抽检	监理单位抽检不低于施工单位的20%,必要时可随时抽检	同配合比同料场同一拌和站生产的砂料和地点随机取样	编织袋,100kg
37	基层钻芯	厚度、完整性	每千米4处	监理单位抽检不低于施工单位的20%,必要时可随时抽检	按《公路路基路面现场测试规程》(JTG E60—2008)要求选择测点	—
38	路基压实度	压实度	每200m每压实层4处	监理单位抽检不低于施工单位的20%,必要时可随时抽检	按《公路路基路面现场测试规程》(JTG E60—2008)要求选择测点	—

续上表

序号	试验类别	试验项目及参数	施工自检频率	监理抽检频率	取样方法	取样容器、数量
39	垫层压实度	压实度	每200m每车道2处	监理单位抽检不低于施工单位的20%，必要时可随时抽检	按《公路路基路面现场测试规程》（JTG E60—2008）要求选择测点	—
40	底基层、基层压实度	压实度	每200m每车道2处	监理单位抽检不低于施工单位的20%，必要时可随时抽检	按《公路路基路面现场测试规程》（JTG E60—2008）要求选择测点	—
41	沥青混凝土面层压实度	压实度	每200m测1处	监理单位抽检不低于施工单位的20%，必要时可随时抽检	按《公路路基路面现场测试规程》（JTG E60—2008）要求选择测点	—
42	台背压实度	压实度	每压实层每50m²4点，不足50m²时至少4点	监理单位抽检不低于施工单位的20%，必要时可随时抽检	按《公路路基路面现场测试规程》（JTG E60—2008）要求选择测点	—
43	沥青混凝土渗水	渗水系数	每200m测1处	监理单位抽检不低于施工单位的20%，必要时可随时抽检	按《公路路基路面现场测试规程》（JTG E60—2008）要求选择测点	—
44	沥青混凝土抗滑	摩擦系数	每200m测1处	监理单位抽检不低于施工单位的20%，必要时可随时抽检	按《公路路基路面现场测试规程》（JTG E60—2008）要求选择测点	—
44	沥青混凝土抗滑	构造深度	每200m测1处	监理单位抽检不低于施工单位的20%，必要时可随时抽检	按《公路路基路面现场测试规程》（JTG E60—2008）要求选择测点	—
45	面层厚度	厚度	双车道每200m测1处	监理单位抽检不低于施工单位的20%，必要时可随时抽检	按《公路路基路面现场测试规程》（JTG E60—2008）要求选择测点	—

(二)抽查项目

工程实体检测抽查项目见表 4-3。

工程实体检测抽查项目表　　　　　表 4-3

单位工程	分部工程类别	抽查项目	检测项目权值	备　注	分部工程权值
路基工程	路基土石方	压实度	3	双车道每处1点	3
		弯沉	3	双车道每千米80点	
		边坡*	1	每处两侧各测2个坡面	
	排水工程	断面尺寸	1	每处抽2个断面	1
		铺砌厚度	3	每合同段开挖检查5~10个断面	
	小桥	混凝土强度	3	每座用回弹仪、超声波测不少于10个测区	2
		主要结构尺寸	1	每座抽10~20个	
	涵洞	结构尺寸	2	每道5~10个	1
		流水面高程	1	每道2~3点	
	支挡工程	混凝土强度	3	每处用回弹仪、超声波测不少于10个测区	2
		断面尺寸	3	每处开挖检查1个断面	
		表面平整度	1	每处测3尺	
路面工程	路面面层	沥青路面压实度	3	每处1点	3
		沥青路面弯沉*	3	逐车道检测	
		沥青路面车辙*		允许偏差:10mm;每处每车道各测2个断面	
		混凝土路面强度	3	每处1点	
		混凝土路面相邻板高差*	1	每处测膨胀缝位置相邻板高差3点	
		平整度*	2	每车道连续检测	
		抗滑*	2	每处测摩擦系数、构造深度	
		厚度	3	每车道连续检测或双车道每千米2点	
		宽度、横坡	1	每处1~2个断面	
桥梁工程（不含小桥）	下部	墩台混凝土强度	3	每墩台用回弹仪、超声波测不少于2个测区	2
		主要结构尺寸	1	每个墩台测2~4点	
		墩台垂直度	1	墩高超过20m时,权值取2;每个墩台测两个方向	
	上部	混凝土强度	3	抽查主要承重构件,每座桥用回弹仪、超声波测不少于10个测区	3
		主要结构尺寸	2	每座桥测10~20点	
		伸缩缝与桥面高差*	1	逐条缝检测	
		桥面铺装平整度*	1	每联>100m时用连续式平整度仪分车道检测,不足100m时每联用3m直尺测3处,每处3尺,最大间隙h:高速、一级公路允许偏差3mm,其他公路允许偏差5mm	
		桥面宽度、厚度、横坡	1	每100m测3个断面	
		桥面抗滑*	2	每200m测3处	

续上表

单位工程	分部工程类别	抽查项目	检测项目权值	备注	分部工程权值
隧道工程	衬砌	衬砌强度	3	用回弹仪、超声波每座中、短隧道测不少于10个测区,特长、长隧道测不少于20个测区	3
		衬砌厚度	3	用高频地质雷达连续检测拱顶拱腰3条线或钻孔检查	
	总体	大面平整度	1	衬砌平整度实测每座中、短隧道测5～10处,长隧道测10～20处,特长隧道测20处以上	1
		宽度	1	每座中、短隧道测5～10点,长隧道测10～20点,特长隧道测20点以上	
		净空	2	每座中、短隧道测5～10点,长隧道测10～20点,特长隧道测20点以上	
		隧道路面	2	参见路面要求	
交通安全设施	标志	立柱竖直度	1	每柱测两个方向	1
		标志板净空	2	取不利点	
		标志板尺寸	1	每块测2点	
		标志板厚度	1	每块测2点	
	防护栏	波形板厚度	1	每处20点	1
		立柱壁厚度	1	每处20点	
		横梁中心高度	1	每处20点	
		混凝土护栏强度	1	每处5～10测区	
		混凝土护栏断面尺寸	1	每处20点	

注:1. 本表规定的抽检项目均应在交工验收前完成检测。竣工验收前,应对带"＊"的抽检项目进行复测,其检测结果和其他抽检项目在交工验收时的检测结果,作为竣工验收质量评定的依据。

2. "支挡工程"指挡土墙、抗滑桩、铺砌式坡面防护、喷锚等防护工程。

3. 对弯沉、路面厚度、平整度、摩擦系数、隧道强度、厚度等抽查项目优先采用自动化检测设备进行检测,也可采用常规方法进行检测。采用自动化检测(或无损检测)结果有争议时,由交通主管部门组织有关专家确定。

4. 表中未列出的检查项目,质量监督机构可根据工程实际情况增加检测项目。对独立桥梁工程,批复的设计中有护岸工程要求的,护岸防护工程应作为检查项目进行检查。

5. 表中未包括技术复杂的工程如悬索桥、斜拉桥等工程的检查项目,质量监督机构可根据工程实际情况增加检测项目。

五、外观检查

(一)基本要求

(1)由该项目工程质量鉴定的质量监督机构或其委托的有资质的检测单位负责在交工验收前和竣工验收前对工程外观进行全面检查。

(2)工程外观存在严重缺陷和安全隐患或已降低服务水平的建设项目不予验收,经整修达到设计要求后方可组织验收。

(3)项目交工验收前应对桥梁、隧道、重点支挡工程、高边坡等涉及安全运营的重要工程部位进行详细检查。

(二)检查内容及扣分标准

外观检查内容及扣分标准见表4-4。

外观检查内容及扣分标准　　　　　　　　　　表4-4

单位工程	分部工程类别	检查内容及扣分标准	备注
路基工程	路基土石方	(1)路基边坡坡面平顺、稳定,曲线圆滑,不得亏坡,不符合要求时,单向累计长度每50m扣1~2分; (2)路基沉陷,每处扣1~2分	按每千米累计扣分的平均值扣分
路基工程	排水工程	(1)排水沟内侧及沟底应平顺,无阻水现象,外侧无脱空,不符合要求时,每处扣1分; (2)砌体坚实、勾缝牢固,不符合要求时,每5m扣1分	按每千米累计扣分的平均值扣分
路基工程	小桥	(1)混凝土表面粗糙,模板接缝处不平顺,有漏浆现象,扣2~5分; (2)混凝土表面蜂窝麻面面积不得超过该部位面积的0.5%,不符合要求时,扣5~7分; (3)桥梁的内外轮廓线条应顺滑清晰,栏杆、护栏应牢固、直顺、美观,不符合要求时,扣1~3分; (4)桥头有跳车现象,每处扣2分; (5)桥下施工弃料应清理干净,未清理干净时扣1~3分	按每座累计扣分的平均值扣分
路基工程	涵洞	(1)涵洞进出口不顺适,洞身不直顺、帽石、八字墙一字墙不平直,存在翘曲现象,洞内有杂物、淤泥、阻水现象时,每种病害扣1~3分; (2)台身、涵底铺砌、拱圈、盖板有裂缝时,每道裂缝扣2~3分; (3)涵洞处路面有跳车现象时,每处扣1~3分	按每道累计扣分的平均值扣分
路基工程	支挡工程	(1)砌体坚实牢固,勾缝平顺,无脱落现象,不符合要求时,每10m扣1分; (2)沉降缝垂直、整齐,上下贯通,不符合要求时,扣1~3分; (3)泄水孔坡度向外,无阻塞现象,不符合要求时,扣1~3分; (4)墙身裂缝、局部破损,每处扣3分; (5)混凝土表面的蜂窝麻面不得超过该部位面积的0.5%,深度不得超过10mm,不符合要求时,扣2~5分	按每处累计扣分值的平均值扣分
路面工程	面层	水泥混凝土路面: (1)混凝土板的断裂块数,高速公路和一级公路不得超过0.2%;其他公路不得超过0.4%,每超过0.1%扣1分。 (2)混凝土板表面的脱皮、印痕、裂纹、石子外露和缺边掉角等病害现象,高速公路和一级公路不得超过受检面积的0.2%;其他公路不得超过0.3%,不符合要求时,每超过0.1%扣1分。对于连续配筋的混凝土路面和钢筋混凝土路面,因干缩、温缩产生的裂缝,可不扣分。 (3)路面侧石应直顺、曲线圆滑,越位2cm以上者,每处扣1~2分。 (4)接缝填筑应饱满密实。不符合要求时,累计长度每100m扣2分。 (5)胀缝有明显缺陷时,每条扣1~2分。 沥青混凝土面层、沥青碎石面层: (1)面层有修补现象,每处扣1~3分	按每千米累计扣分的平均值扣分

续上表

单位工程	分部工程类别	检查内容及扣分标准	备注
路面工程	面层	(2)表面应平整密实,不应有泛油、松散、裂缝、粗细料明显离析等现象,对于高速公路和一级公路,有上述缺陷的面积(凡属单条的裂缝,则按其实际长度乘以0.2m宽度,折算成面积)之和不得超过受检面积的0.03%,其他公路不得超过0.05%。不符合要求时每超过0.03%或0.05%扣2分;半刚性基层的反射裂缝可不计作施工缺陷,但应及时进行灌缝处理。 (3)搭接处应紧密、平顺,烫缝不应枯焦。不符合要求时,累计每10m长扣1分。 (4)面层与路缘石及其他构筑物应衔接平顺,不得有积水现象,不符合要求时,每处扣1分。 沥青表面处治: (1)表面应平整密实,不应有松散、油包、波浪、泛油、封面料明显散失等现象,有上述缺陷的面积之和不得超过受检面积的0.2%,不符合要求时每超过0.2%扣2分。 (2)无明显碾压轮迹。不符合要求时,每处扣1分。 (3)面层与路缘石及其他构筑物应衔接平顺,不得有积水现象。不符合要求时,每处扣1分	按每千米累计扣分的平均值扣分
桥梁工程（不含小桥）	下部工程及上部工程	基本要求: (1)混凝土表面平滑,模板接缝处平顺,无漏浆现象,不符合要求时扣2~5分。 (2)混凝土表面蜂窝麻面面积不得超过该部位面积的0.5%,不符合要求时,扣2~5分。 (3)混凝土表面出现非受力裂缝,减1~2分;结构出现受力裂缝宽度超过0.15mm每条扣2~3分,并对其是否影响结构承载力进行分析论证。 (4)结构钢筋外露每处扣1~5分,并应进行处理 支座要求: 支座位置应准确,无脱空及非正常变形,不符合要求时每个扣除1分 上部结构要求: (1)预制构件安装应平整,不符合要求时每处扣1分。 (2)悬臂浇筑的各梁段之间应接缝平顺,色泽一致,无明显错台,不符合要求时每处扣2~5分。 (3)主体钢结构外露部分的涂装和钢缆的防护防蚀层必须保护完好,不符合要求时扣1~2分,并应及时处理。 (4)拱桥主拱圈线形圆滑无局部凹凸,不符合要求时扣2~5分,拱圈无裂缝,不符合要求时扣2~5分,并对其是否影响结构承载力进行分析论证 桥面系要求: (1)桥梁的内外轮廓线应顺滑清晰,不符合要求时,扣1~3分。 (2)栏杆、护栏应牢固、直顺、美观,不符合要求时,扣1~2分。 (3)桥面铺装沥青混凝土表面应平整密实,不应有泛油、松散、裂缝、粗细料明显离析等现象,有上述缺陷的面积(凡属单条的裂缝,则按其实际长度乘以0.2m宽度,折算成面积)之和不得超过受检面积的0.03%,不符合要求时超过0.03%扣1分。 (4)伸缩缝无阻塞、变形、开裂现象,不符合要求时减1~2分;桥头有跳车现象,每处扣1~2分。 (5)泄水管安装不阻水,桥面无低凹,排水良好,不符合要求时扣1~2分	下部工程按基本要求和支座要求累计扣分;上部工程按基本要求、上部结构要求和桥面系要求累计扣分

续上表

单位工程	分部工程类别	检查内容及扣分标准	备注
隧道工程	衬砌	(1)混凝土衬砌表面,任意延米的隧道面积中,蜂窝麻面不超过1%,不符合要求时,每超过1%扣5分。 (2)施工缝平顺无错台,不符合要求时每处扣1分。 (3)隧道衬砌出现裂缝,裂缝累计长度每超过隧道长度的1%扣1~2分	—
	总体	(1)隧道洞内渗水、漏水,每处扣1~2分。 (2)洞内排水系统应畅通、无阻塞,不符合要求时扣2~5分,并应查明原因进行处理。 (3)隧道洞门按支挡工程要求检查。 (4)隧道路面按路面工程的扣分标准进行扣分	
交通安全设施	标志	(1)金属构件镀锌面不得有划痕、擦伤等损伤,不符合要求时,每一构件扣2分。 (2)标志板面不得有划痕、较大气泡和颜色不均匀等表面缺陷,不符合要求时,每块板扣2分	标志按每块累计扣分的平均值扣分
	防护栏	(1)波形梁线形顺适,色泽一致,不符合要求时每处扣1~2分。 (2)立柱顶部应无明显塌边、变形、开裂现象,不符合要求时,每处扣2分。 (3)混凝土护栏预制块不得有断裂现象,不符合要求时每处扣1分;掉边、掉角长度每处不得超过2cm,否则每块混凝土构件扣1分;混凝土表面蜂窝、麻面、裂缝、脱皮等缺陷面积不超过该构件面积的0.5%,不符合要求时,每超过0.5%扣2分	按每千米累计扣分的平均值扣分

六、内业资料审查

质量监督机构应按公路工程竣工档案管理的有关规定,对监理资料、施工资料、科研和新技术应用资料进行审查,主要要求如下:

(1)内业资料未按要求整理或经检查有检查项目不全、频率不足现象或缺少必要的数据,不能有效证明工程所用的原材料、施工工艺及工程质量符合规范要求或资料反映出的工程质量达不到合格标准,不能保证安全运营及正常使用时,工程不予验收。在对内业资料重新整理,达到要求后方可组织验收。

(2)内业资料应是原始资料,是施工过程中的原件,不符合要求时扣1~3分。

(3)内业资料应字迹清晰、工整,表格内容应填写完整,签字齐全,并按要求分类编排,装订整齐,不符合要求时扣1~3分。

(4)按施工工序、工艺的要求所有资料应齐全、完整,资料反映出的抽查频率、质量指标应满足有关标准、规范规定的要求,不符合要求时扣2~4分。

思考与练习

1. 试验检测包含哪些内容,各自适用的情况是什么?
2. 公路工程建设项目划分为哪几级进行质量评定?
3. 工程质量评定时,对基本要求有哪些规定?
4. 工程质量评定时,都要检查哪些方面的内业资料?

第五章　交竣工验收评定

学习目标

(1) 掌握公路工程交竣工验收的条件、验收内容和方法。
(2) 能够根据检测项目实际情况,制订交竣工验收方案,进行交竣工验收检测。
(3) 能够根据现场检测的结果,进行分析计算,撰写验收报告。

一、交竣工验收概况

公路工程验收分为交工验收和竣工验收两个阶段。交工验收阶段,其主要工作是:检查施工合同的执行情况,评价工程质量,对各参建单位工作进行初步评价。竣工验收阶段,其主要工作是:对工程质量、参建单位和建设项目进行综合评价,并对工程建设项目作出整体性综合评价。

公路工程竣(交)工验收的依据有以下几点:
(1) 批准的项目建议书、工程可行性研究报告。
(2) 批准的工程初步设计、施工图设计及设计变更文件。
(3) 施工许可。
(4) 招标文件及合同文本。
(5) 行政主管部门的有关批复、批示文件。
(6) 公路工程技术标准、规范、规程及国家有关部门的相关规定。

二、交工验收

(一) 交工验收的条件

公路工程交工验收工作一般按合同段进行,并应具备以下条件:
(1) 合同约定的各项内容已全部完成。各方就合同变更的内容达成书面一致意见。
(2) 施工单位按《公路工程质量检验评定标准　第一册　土建工程》(JTG F80/1—2017)及相关规定对工程质量自检合格。
(3) 监理单位对工程质量评定合格。
(4) 质量监督机构按《公路工程质量鉴定办法》对工程质量进行检测,并出具检测意见。检测意见中需整改的问题已经处理完毕。
(5) 竣工文件按公路工程档案管理的有关要求,完成"公路工程项目文件归档范围"第三、四、五部分(不含缺陷责任期资料)内容的收集、整理及归档工作。
(6) 施工单位、监理单位完成本合同段的工作总结报告。

(二) 交工验收程序

(1) 施工单位完成合同约定的全部工程内容,且经施工自检和监理检验评定均合格后,提出合同段交工验收申请报监理单位审查。交工验收申请应附自检评定资料和施工总结报告。

(2)监理单位根据工程实际情况、抽检资料以及对合同段工程质量的评定结果,对施工单位交工验收申请及其所附资料进行审查并签署意见。监理单位审查同意后,应同时向项目法人提交独立抽检资料、质量评定资料和监理工作报告。

(3)项目法人对施工单位的交工验收申请、监理单位的质量评定资料进行核查,必要时可委托有相应资质的检测机构进行重点抽查检测,认为合同段满足交工验收条件时应及时组织交工验收。

(4)对若干合同段完工时间相近的,项目法人可合并组织交工验收。对分段通车的项目,项目法人可按合同约定分段组织交工验收。

(5)通过交工验收的合同段,项目法人应及时颁发"公路工程交工验收证书"。

(6)各合同段全部验收合格后,项目法人应及时完成"公路工程交工验收报告"。

(三)交工验收的主要工作内容

(1)检查合同执行情况。

(2)检查施工自检报告、施工总结报告及施工资料。

(3)检查监理单位独立抽检资料、监理工作报告及质量评定资料。

(4)检查工程实体,审查有关资料,包括主要产品的质量抽(检)测报告。

(5)核查工程完工数量是否与批准的设计文件相符,是否与工程计量数量一致。

(6)对合同是否全面执行、工程质量是否合格做出结论。

(7)按合同段分别对设计、监理、施工等单位进行初步评价。

在进行交工验收时,应邀请各合同段的设计、施工、监理等单位参加,由项目法人负责组织。路基工程作为单独合同段进行交工验收时,应邀请路面施工单位参加。拟交付使用的工程,应邀请运营、养护管理等相关单位参加。交通运输主管部门、公路管理机构、质量监督机构视情况参加交工验收。

(四)交工验收的结果评定

交工验收工程质量等级评定分为合格和不合格,工程质量得分值大于等于80分的为合格,小于80分的为不合格。交工验收不合格的工程应返工整改,直至合格。交工验收提出的工程质量缺陷等遗留问题,由项目法人责成施工单位限期完成整改。对通过交工验收工程,应及时安排养护管理。

三、竣工验收

(一)竣工验收的条件

按照公路工程管理权限,各级交通运输主管部门应于年初制订年度竣工验收计划,并按计划组织竣工验收工作。列入竣工验收计划的项目,项目法人应提前完成竣工验收前的准备工作。

公路工程竣工验收应具备以下条件:

(1)通车试运营2年以上。

(2)交工验收提出的工程质量缺陷等遗留问题已全部处理完毕,并经项目法人验收合格。

(3)工程决算编制完成,竣工决算已经审计,并经交通运输主管部门或其授权单位认定。

(4)竣工文件已完成"公路工程项目文件归档范围"的全部内容。
(5)档案、环保等单项验收合格,土地使用手续已办理。
(6)各参建单位完成工作总结报告。
(7)质量监督机构对工程质量检测鉴定合格,并形成工程质量鉴定报告。

(二)竣工验收准备工作程序

(1)公路工程符合竣工验收条件后,项目法人应按照公路工程管理权限及时向相关交通运输主管部门提出验收申请,其主要内容包括:
①交工验收报告。
②项目执行报告、设计工作报告、施工总结报告和监理工作报告。
③项目基本建设程序的有关批复文件。
④档案、环保等单项验收意见。
⑤土地使用证或建设用地批复文件。
⑥竣工决算的核备意见、审计报告及认定意见。
(2)相关交通运输主管部门对验收申请进行审查,必要时可组织现场核查。审查同意后报负责竣工验收的交通运输主管部门。
(3)以上文件齐全且符合条件的项目,由负责竣工验收的交通运输主管部门通知所属的质量监督机构开展质量鉴定工作。
(4)质量监督机构按要求完成质量鉴定工作,出具工程质量鉴定报告,并审核交工验收对设计、施工、监理初步评价结果,报送交通运输主管部门。
(5)工程质量鉴定等级为合格及以上的项目,负责竣工验收的交通运输主管部门及时组织竣工验收。

(三)竣工验收的主要工作内容

(1)成立竣工验收委员会。
(2)听取公路工程项目执行报告、设计工作报告、施工总结报告、监理工作报告及接管养护单位项目使用情况报告。
(3)听取公路工程质量监督报告及工程质量鉴定报告。
(4)竣工验收委员会成立专业检查组检查工程实体质量,审阅有关资料,形成书面检查意见。
(5)对项目法人建设管理工作进行综合评价。审定交工验收对设计单位、施工单位、监理单位的初步评价。
(6)对工程质量进行评分,确定工程质量等级,并综合评价建设项目。
(7)形成并通过《公路工程竣工验收鉴定书》。
(8)负责竣工验收的交通运输主管部门印发《公路工程竣工验收鉴定书》。
(9)质量监督机构依据竣工验收结论,对各参建单位签发"公路工程参建单位工作综合评价等级证书"。

(四)参加竣工验收工作各方的主要职责

竣工验收委员会由交通运输主管部门、公路管理机构、质量监督机构、造价管理机构等单位代表组成。国防公路应邀请军队代表参加。大中型项目及技术复杂工程,应邀请有关专家参加。项目法人、设计、施工、监理、接管养护等单位代表参加竣工验收工作,但不作为竣工验收委员会成员。

竣工验收委员会负责对工程实体质量及建设情况进行全面检查。对工程质量进行评分,对各参建单位及建设项目进行综合评价,确定工程质量和建设项目等级,形成工程竣工验收鉴定书。项目法人负责提交项目执行报告及验收工作所需资料,协助竣工验收委员会开展工作。设计单位负责提交设计工作报告,配合竣工验收检查工作。施工单位负责提交施工总结报告,提供各种资料,配合竣工验收检查工作。监理单位负责提交监理工作报告,提供工程监理资料,配合竣工验收检查工作。接管养护单位负责提交项目使用情况报告,配合竣工验收检查工作。公路建设项目设计、施工、监理、接管养护等有多家单位的,项目法人应组织汇总设计工作报告、施工总结报告、监理工作报告、项目使用情况报告。竣工验收时选派代表向竣工验收委员会汇报。

(五)竣工验收工程质量评分

竣工验收工程质量评分采取加权平均法计算,其中交工验收工程质量得分权值为 0.2,质量监督机构工程质量鉴定得分权值为 0.6,竣工验收委员会对工程质量的评分权值为 0.2。对于交工验收和竣工验收合并进行的小型项目,质量监督机构工程质量鉴定得分权值为 0.6,监理单位对工程质量评定得分权值为 0.1,竣工验收委员会对工程质量的评分权值为 0.3。工程质量评分大于等于 90 分为优良,小于 90 分且大于等于 75 分为合格,小于 75 分为不合格。

(1)对建设项目出现以下特别严重问题的合同段,整改合格后,合同段工程质量不得评为优良,质量鉴定得分按照整改前的鉴定得分,超出 75 分的按 75 分,不足 75 分的按原得分;建设项目竣工验收工程质量等级和综合评定等级直接确定为合格。

①路基工程的大段落路基沉陷、大面积高边坡失稳。
②路面工程车辙深度大于 10mm 的路段累计长度超过该合同段车道总长度的 5%。
③特大桥梁主要受力结构需要或进行过加固、补强。
④隧道工程渗漏水经处治效果不明显,衬砌出现影响结构安全裂缝,衬砌厚度合格率小于 90% 或有小于设计厚度 1/2 的部位,空洞累计长度超过隧道长度的 3% 或单个空洞面积大于 $3m^2$。
⑤重大质量事故或严重质量缺陷,造成历史性缺陷的工程。

(2)对建设项目出现以下严重问题的合同段,整改合格后,合同段工程质量不得评为优良,质量鉴定得分按 75 分计算;并视对建设项目的影响,由竣工验收委员会决定建设项目工程质量是否评为优良。

①路基工程的重要支挡工程严重变形。
②路面工程出现修补、唧浆、推移、网裂等病害路段累计长度超过路线的 3% 或累计面积大于总面积的 1.5%;竣工验收复测路面弯沉合格率小于 90%。
③大桥、中桥主要受力结构需要或进行过加固、补强。

(3)竣工验收委员会对项目法人及设计、施工、监理单位工作进行综合评价。评定得分大于等于 90 分且工程质量等级优良的为好,小于 90 分且大于等于 75 分为中,小于 75 分为差。

(4)竣工验收建设项目综合评分采取加权平均法计算,其中竣工验收工程质量得分权值为 0.7,参建单位工作评价得分权值为 0.3(项目法人占 0.15,设计、施工、监理各占 0.05)。评定得分大于等于90分且工程质量等级优良的为优良,小于90分且大于等于75分为合格,小于75分为不合格。

（5）发生过重大及以上生产安全事故的建设项目综合评定等级不得评为优良。

 思考与练习

1. 交工验收主要进行哪些方面的工作？与竣工验收的差别在哪里？
2. 沥青混凝土路面交工验收时,有哪些检测项目？各检测项目的频率是多少？

第六章　工地试验室建设与管理

学习目标

(1) 了解工地试验室硬件设施建设的主要内容。
(2) 了解工地试验室的组织机构与岗位设置。
(3) 熟悉工地试验室日常管理的工作内容。
(4) 掌握工地试验室的过程管理的主要内容。
(5) 了解公路工程试验检测信息化管理的主要内容。

第一节　试验室硬件设施建设

一、选址与规划

工地试验室(图6-1)在选址时应充分考虑安全、环保、交通便利及工程质量管理要求等因素,保证试验检测工作的独立性,为试验检测人员创造良好的工作环境,工地试验室应有相对独立的活动场所。工地试验室的规划应根据工作、生活、院落及周围所需面积,合理利用原有地形、地貌、地物、水面和空间及现有的设施等进行合理规划,规划方案应满足试验检测工作需要和标准化建设有关规定,经项目建设单位有关部门审核后开始实施。

图6-1　工地试验室

1. 选址要求

(1) 安全与环境方面的要求

①避开山体崩塌、滑坡、泥石流、地面塌陷、地裂缝、地面沉降等地段。对台风、暴雨、寒潮、大风、低温、高温、雷电、冰雹等自然灾害威胁,应有相应防范措施。

②不宜建在油库、有交通安全隐患的区域和地段。

③不宜建在污染企业、垃圾处理厂以及容易产生噪声、振动、电磁干扰、烟尘、液体和固体废物等有污染源的地方。

④在选址时应当充分考虑环境保护措施,防止对周围环境造成影响。

(2)工程管理方面的要求

①在选址时应当考虑交通便利以及水、电、能源等条件,保证通信畅通,满足信息化办公需求。

②宜设置在项目部驻地或拌和厂附近,便于项目集中管理,同时可减少往返交通成本。

③选址应按照合同段划分单独设立。当独立合同段工程线路跨度较大或交通不便时,宜设立分支试验室。分支试验室作为该工地试验室的组成部分,也应按照标准化要求建设,接受项目质监机构的监管。

2. 规划原则

(1)分区设置原则

工地试验室应将工作区和生活区分开设置,工作区总体可分为功能室、办公室和资料室。各功能室应独立设置,并根据不同的试验检测项目配置满足要求的基础设施和环境条件。

(2)布局合理原则

工地试验室应按照试验检测流程和工作相关性进行合理布局,保证样品流转顺畅,方便操作,如水泥混凝土室、力学室和标准养护室宜相邻设置。

(3)互不干扰原则

工地试验室应对造成相互干扰和影响的工作区域进行隔离设置,如有振动源的土工室与需要精密称量的化学室不宜相邻设置。

(4)经济适用原则

工地试验室标准化建设应坚持因地制宜、务求实效和经济实用的工作原则,目的是保证试验检测数据的客观性和准确性,而不是盲目过分加大投入,片面追求表面效应。

3. 设置模式

(1)功能室设置

工地试验室功能室的设置应根据工程内容、工程量和所开展的试验检测项目确定。对于路基、桥梁、隧道和路面主体工程,所设立的工地试验室一般包括土工室、集料室、石料室、水泥室、水泥混凝土室、力学室、沥青室、沥青混合料室、化学室、标准养护室、样品室、留样室、外检室、储藏室等相对独立的功能室。

(2)面积与空间

功能室的使用面积要合理设置,可根据实际情况灵活掌握和调整,满足试验检测工作需要和环境条件要求。根据各功能室的基础设施,包括操作台上下水等,仪器设备摆放位置,人员操作和行动通道,门窗位置等绘图计算实际需要的使用面积及所需要的空间。具体的使用面积可参考表6-1。

工地试验室各工作室试验面积推荐表 表6-1

名称	土工室	集料室	石料室	水泥室	水泥混凝土室
面积($\geq m^2$)	20	15	20	20	25
名称	力学室	沥青室	沥青混合料室	化学室	样品室
面积($\geq m^2$)	25	20	25	12	15

续上表

名称	留样室	外检室	储藏室	办公室	资料室
面积(≥m^2)	12	15	12	6	15
名称	养护室				
面积	(1)根据高峰期试件养护的最大数量、样品架的容量及占用面积、室内公用面积以及所选用的温湿度控制仪逐级的功率确定。 (2)为降低运行成本、节约能耗,如高峰期试件养护数量大且增减明显,可考虑设置两个标准养护室(可一大一小,单个养护室面积≥$20m^2$)				

二、房屋与环境建设

工地试验室用房可新建或租用合适的既有房屋,房屋应满足工作生活需求和环保要求。

1. 新建房屋建设

房屋建筑应选择坚固、安全、环保和保温的材料,如建筑用金属面绝热夹芯板,简称彩钢板等,但不得使用帐篷、石膏板房等不能保证安全和环境条件的简易用房。房屋净高一般不低于 2.6m,房屋外面应设置挑檐或雨搭,宽度不小于 1.2m;房屋周围地面铺筑散水,宽度不小于 1m,两排房屋之间应保留不小于 4m 的消防通道净宽,如图 6-2 所示。

图 6-2 新建工地试验室

2. 租用房屋建设

租用既有房屋应在租用前对其房屋的结构、设施、周边环境等进行考察,包括房屋面积、空间及室内设施(水、电、暖、通风、采光、安全等)是否符合或改造后符合工地试验室标准化建设要求。另外,出租方是否同意进行适当的改造,改造成本应与新建房屋进行比较,如果确定租用,租用期应满足工期需要。

对于租用的既有房屋,如需隔断,应采用空心砖或不小于 10cm 厚的彩钢板通高阻隔,有温度、湿度要求的功能室进行隔断时接缝处要进行密封处理,如图 6-3 所示。

图 6-3 租赁房屋试验室建设

3. 环境建设

(1)给水、排水

各功能室给、排水设计应满足试验检测工作需要,并符合安全、卫生、经济、适用等要求,同时便于管理、维修。各功能室均应设置上下水,室内水池、水龙头宜设置在操作台边部且与操作台体结合在一起,排水口应有过滤和水封装置,下水连接管采用硬质管、设弯头并保证通畅,化学室水池宜配套三联水龙头,方便玻璃器皿的清洗。水泥室、水泥混凝土室、石料室室内地面应设置泄水槽,室外设置沉淀池,方便清洗和环境保护,沉淀池应安装顶盖,并经常清理,保证排水通畅。

标准养护室的地面可采用水泥混凝土浇筑、防水砂浆抹面,设置蓄水沉淀池且安装顶盖;地面应设有一定坡度的放射状水槽或环形水槽,水槽断面尺寸和数量满足防止地面积水、形成养护水回流且不影响养护架摆放,水槽应与蓄水沉淀池相通。标准养护室的门应采用封闭性好且防潮的材料制作,不宜直接对外,宜设置过渡间。对于用彩钢板搭建的标准养护室,可紧贴彩钢板内侧,砌筑空心砖墙,并用防水砂浆抹面或粘贴PVC防水板,房顶加保温层吊顶,如图6-4所示。

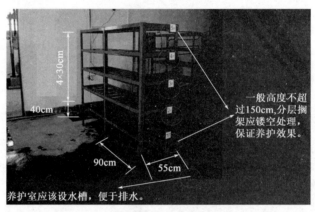

图6-4 养护室的设置

(2)通风、采光

试验过程中对使用或产生有毒有害物质的功能室如化学室、沥青室、沥青混合料室等,应根据试验项目、污染程度、范围、工作量的大小,采用合理有效的通风设施,如采用通风罩、强排气扇等局部机械通排风设施。

各工作室如果自然采光不足,可增加照明设施,如果光线过强,可挂窗帘遮阳;标准养护室应配置一定数量的防水灯具,保证采光满足工作需求,如图6-5所示。

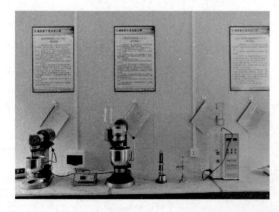 

图6-5 试验室的通风采光

(3) 温度、湿度

对环境温度、湿度有要求的功能室,应根据室内面积和空间大小,在不影响试验检测结果的位置安装相应功率的空调、加湿器等温度、湿度控制设备。室内应悬挂经过检定/校准的温湿度计。对于空间较大的功能室及标准养护室应在室内不同区域悬挂不少于 2 个温湿度计。对温度没有特殊要求的功能室,工作期间温度一般控制为夏季不高于 30℃,冬季不低于 10℃。

三、设备配置与布局

1. 设备配置

(1) 工地试验室应按照母体试验室授权范围内的试验检测项目和参数以及合同要求配置必要的试验检测仪器设备,确保仪器设备性能良好。

(2) 如果仪器设备由母体试验室或上级单位调配,工地试验室应根据实际需要,制定仪器设备配置计划并提交母体试验室或上级单位审核后确认。仪器设备在运输过程中应注意安全,到货后应及时进行安装调试。

(3) 如果为新购置仪器设备,应按照采购验收程序,购置符合要求的仪器设备,授权负责人、设备管理员及相关人员应共同进行验收,填写验收记录,建立仪器设备档案。

2. 设备布局

仪器设备布局应根据室内功能室划分,集中、合理地摆放相关仪器设备,保证一定的操作空间和距离,且布局合理,尽量减少人流、物流的交叉,避免相互干扰。

对工作环境有特殊要求的仪器设备应合理摆放,如重型仪器设备和容易产生振动的仪器设备不得在楼上摆放;勃氏透气仪、负压筛析仪应放置在干燥区域,保证在相对湿度小于等于 50% 的条件下进行试验;沸煮箱应隔离放置,避免影响环境温湿度,可以使用外箱罩住,外箱上接 PVC 塑料管通向室外;高温炉应放置在对环境温度要求不高、对周围仪器设备设施的功能不产生影响的功能室,如集料室或土工室等;精密天平应设独立台座,不得放置在正对空调出风口处,并对其使用时的环境条件严格控制,避免量值的不稳定和不准确,如图 6-6 所示。

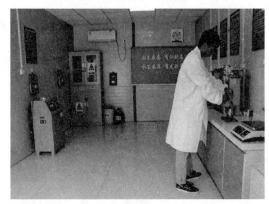

图 6-6 试验室设备布局

四、办公设施与交通工具

1. 办公设施

(1) 办公室宜设计成单间室或半开放式办公室,保证授权负责人有独立的办公区域,试验检测人员每人使用面积不小于 $6m^2$。

（2）办公室应配备办公桌椅、文件柜、计算机、打印机、复印机、空调等办公设备,具备上网条件,为试验检测人员提供良好的工作环境。

（3）资料室应配备一定数量的金属文件柜,布置摆放整齐,并采取防火、防盗、防潮、防蛀等措施。

试验室办公区域如图6-7所示。

图6-7 试验室办公区域

2. 交通工具

工地试验室应根据合同要求、工作内容和距离配备一定数量、性能良好的专用车辆,保证现场取样、外业检测和外委试验检测等工作顺利开展。

第二节 工地试验室组织机构

一、试验室组织机构框图

工地试验室应建立完善的组织机构,通过组织机构框图和岗位职责描述表明各部门、各岗位的职责和相互关系。

（1）为表明工地试验室的隶属关系和各工作室之间的关系,绘制内部和外部组织机构框图。用方框图表示各管理单位、岗位或相应的工作室,箭头表示管理的指向,通过箭头将各方框连接,明确各管理单位、岗位或工作室在组织机构中的地位及相互之间的关系。

（2）内部组织机构框图内容根据工地试验室的特点、大小和职责等因素来确定,包括工地试验室名称、授权负责人、各工作室等相互之间的组织机构关系。

（3）外部组织机构框图内容表示工地试验室的地位和外部关系,实线表明与母体试验室等直接管理部门的关系,虚线表示与项目建设单位、质监机构等间接管理部门的关系。

二、试验室岗位职责

（1）工地试验室实行授权负责人责任制,授权负责人对工地试验室运行管理工作和试验检测活动全面负责,主要有以下职责:

①审定和管理工地试验室资源配置,确保工地试验室人员、设备、环境等满足试验检测工

作需要。签发工地试验室出具的试验检测报告,对试验检测数据及报告的真实性、准确性负责。对违规人员有权辞退。

②建立完善的工地试验室质量保证体系和管理制度,包括人员、设备、环境以及试验检测流程、样品管理、操作规程、不合格品处理等各项规章制度,并监督各项制度的有效执行。

③严格按照国家和行业标准、规范、规程以及合同的约定独立开展试验检测工作。有权拒绝影响试验检测活动公正性、独立性的外部干扰,保证试验检测数据客观、公正、准确。

④实行不合格品报告制度,对于签发的涉及结构安全的产品或试验检测项目不合格报告,工地试验室授权负责人应在2个工作日以内报送项目建设单位,抄送项目质量监督机构,并建立不合格试验检测项目台账。

(2)制定各工作室和关键人员岗位职责,以试验检测为主线,把整个试验检测过程的职责落实到各工作室和关键岗位,做到全覆盖、不空缺、不重叠,界定清楚,职责明确。

(3)工地试验室的各个工作室和关键人员岗位应包括各工作室负责人、仪器设备管理员、样品管理员、资料管理员和试验检测人员等。

(4)明确各工作室和各关键岗位人员应具备的基本素质、专业知识和工作经验等,对试验检测人员进行能力考核和确认,确定其相应的工作岗位。

三、工地试验室登记备案

工地试验室按照规定到质监机构登记备案后,在母体试验室授权的业务范围内,为工程建设现场提供试验检测服务并出具试验检测报告,不得对外承揽试验检测业务,不得对社会出具试验检测报告。

在工地试验室设立过程中,母体试验室应按照标准化建设要求,对工地试验室的驻地建设、人员、设备配置、环境条件、体系和文化建设等方面进行符合性检查和指导,满足要求后方可对工地试验室进行授权,如图6-8所示。

图6-8 工地试验室标准化建设

第三节 工地试验室日常管理

工地试验室作为工程质量控制和评判的重要数据来源、工程建设质量保证体系的重要组成部分,其建设和管理水平将直接影响试验检测数据的客观性和准确性,影响对工程建设质量的过程控制、指导和最终评判。因此,加强工地试验室标准化管理对工程质量过程管理和控制具有重要意义。

一、人员管理

(1)工地试验室应建立试验检测人员管理制度,加强人员考勤管理,确保人员实际在岗和相对稳定,因特殊情况确实需要变动的,应按照有关规定及时办理变更手续。一般试验检测人员变更需由母体试验室提出申请,经项目建设单位批准;授权负责人变更需由母体试验室提出申请,经项目建设单位批准报项目质检机构备案。

(2)建立健全人员档案资料,一人一档,档案内容包括个人简历、身份证、毕业证、资格证、聘用关系证明、培训和考核记录等资料的彩色扫描件或者复印件。

(3)工地试验室在人员配备完成后,填写"试验检测人员一览表",并将试验检测人员的姓名、工作岗位、证书编号、照片等信息制作成上墙图框悬挂在办公室,予以公示,接受监督。

二、仪器设备管理

1. 检定/校准

仪器设备的检定/校准工作应遵循科学、经济、量值准确和就地就近的原则,根据仪器设备的实际使用情况,确定科学合理的检定/校准周期,通过检定/校准和功能检验等方式对仪器设备进行量值溯源管理,确保仪器设备性能良好,量值准确,满足工地试验检测工作需要。检定/校准的实施应符合《公路工程试验检测仪器设备检定校准指导手册》有关规定。

对仪器设备进行检定时,一般应检验全部计量参数;对仪器设备进行校准、测试时,可根据具体的试验检测工作的需要,有选择的检验全部或部分计量参数,以免造成不必要的浪费。

仪器设备取得检定/校准证书后,需对校准(测试)结果与试验检测工作要求进行符合性确认,必要时要考虑修正因子,并形成确认记录。对于有规定技术条件或标准的仪器设备,将检定/校准结果(示值误差和测量不确定度)与技术条件或标准进行比较,判定该仪器设备能否使用;对于没有规定技术条件或标准的仪器设备,可根据被测对象和测量方法计算出(扩展)测量不确定度,然后与被测量值的技术要求进行比较,应不超过被测量值最大允许偏(误)差的1/3,判定该仪器设备能否使用或限制使用的条件。

2. 标识管理

工地试验室的所有仪器设备应实行标识管理,包括管理和使用状态两种标识。

(1)仪器设备的管理标识,内容包括设备名称、设备编号、规格型号、出厂编号、生产厂家、购买日期、管理人员。

(2)仪器设备的使用状态,分为"合格""准用""停用"三种,分别用"绿""黄""红"三色标签进行标识。

(3)对于小型且不易粘贴标识的仪器设备,可采用微型编号进行标识,如:环刀、铝盒等可用钢号码字母进行标识;玻璃器具可在专用标识框内刻画进行标识;温度计可在适当位置悬挂带编号的金属材料铭牌进行标识;各类试模可用油漆喷涂编号或悬挂带编号铭牌进行标识。

3. 期间核查

工地试验室应加强仪器设备期间核查管理,制定期间核查计划,开展有效的期间核查,确保试验检测数据准确可靠。

(1)期间核查宜遵循"有必要、有条件"的原则,并非所有的仪器设备都必须进行期间核查。对于性能不稳定、使用频率高和经常携带运输至现场进行检测的以及在恶劣环境下使用的仪器设备,应进行期间核查。如果检定周期较长,有可能在检定周期内发生量值偏离和功能异常,无法继续保持检定/校准状态,则有必要开展期间核查。

(2)进行期间核查的方法常见的有以下四种:

①(试验室间、仪器设备间、方法间)比对。

②使用有证标准物质验证。

③与相同准确等级的另一个设备或几个设备的量值进行比较。

④对稳定的被测件的量值重新测定。

4. 使用、维护、维修

(1)试验检测人员在仪器设备操作时,应进行运行前检查,严格按照操作规程进行操作,在操作前和结束后及时填写使用记录。

(2)设备管理员应定期对仪器设备进行维护保养,确保仪器设备使用状态良好,并及时填写维护记录。

(3)仪器设备发生故障时,应由专业人员进行维修和调试,并经检定校准等方式证明其功能指标已恢复,方可继续使用,并及时填写维修记录。

(4)对于自动数据采集和处理的仪器设备,应在正式使用前对数据处理系统进行准确性验证,同时应定期做功能性检查并予以状态标识,确保数据准确、可靠。

5. 仪器档案管理

为掌握仪器设备的技术状态,便于调查和分析试验检测事故的原因,仪器设备应从购置环节开始建立档案,并实施动态管理,及时补充相关的信息和资料内容。

(1)仪器设备档案宜按照一级一档的方式建立。

(2)同类型的多台小型仪器设备可以集中建立一套档案,如百分表、铝盒、玻璃器皿、温度计等,但每台仪器设备应建立唯一管理标识。

(3)仪器设备档案的内容一般包括:

①仪器设备履历表;设备名称、设备编号、规格型号、生产厂家、出厂编号、购置日期、购置价格、测量范围、准确度、调配情况、管理人员等。

②仪器设备的装箱单、说明书、合格证等技术文件。

③仪器设备的验收记录、历次检定校准报告、证书、记录。

④仪器设备的使用、维护、维修、期间核查记录。

三、化学品(试剂)及其他耗材

工地试验室应建立化学品(试剂)管理制度,从购买、存放、领用、使用及处置等环节加强管理;化学品(试剂)可通过包装上标签的内容,确定是否属于危险化学品,如果属于危险化学品,应严格按照《危险化学品安全管理条例》等有关规定处理。

1. 购买

化学品(试剂)应即买即用,不得大量长期储存,购买时应以最小包装为购买单元;对购买的化学品(试剂)、蒸馏水等应进行验收,确认其包装、标识、成分、有效期等是否满足要求,建立验收记录,填写"购置登记表"。

2. 存放

一般化学品(试剂)应分类存放于柜内,室温保持在5~30℃且避光通风,并对其进行定期查看,保证化学品(试剂)密封性良好,并在保质期内;如果属于危险化学品,应分区分类用金属专柜存放,并张贴危险警示标志。

3. 领用

化学品(试剂)应由专人保管,用多少领多少,谁用谁领谁签字,填写"化学品(试剂)领用记录",做到账物相符。

危险化学品实行双人双锁管理,当天领取当天使用并把余量交回,专人用专人领,谁用谁领谁签字谁负责,如图6-9所示。

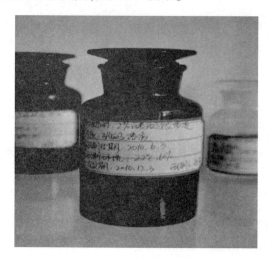 

图6-9 危险化学品管理

四、样品管理

工地试验室应建立样品管理制度,对样品的取样、运输、标识、流转、制备、使用、留样与处置等全过程实施严格控制和管理。

1. 取样与运输

工地试验室收到材料进货通知后应及时对材料进行取样,取样方法应符合标准、规程要求,取样数量应满足试验检测需要,同时考虑留样数量的要求。取样结束后应填写《样品取样登记表》,取样单应与试验检测原始记录、试验报告一并存档。

在运输过程中应保证样品不受损、不丢失,保证不会影响样品的完整性和试验检测结果的准确性。

2. 标识与流转

为确保每个样品在流转过程中不会发生混淆并具有可追溯性,应对样品进行唯一性标识,内容包含样品名称、样品编号、规格型号、取样日期、流转状态等信息。

样品在流转过程中应根据试验检测工作开展情况,及时在样品标识上标明其流转状态;水泥混凝土、水泥胶砂、砂浆等试件应在出入标准养护室时填写"标准养护室试件出入登记表"。

3. 制备与使用

样品应根据相关的标准和试验检测方法准备、制备或成型。样品在试验检测使用过程中不得发生任何混淆、变质、污染、损坏、丢失等现象,如果发生异常应及时处置,并重新取样。具有危害和危险的样品在使用过程中应严格按照相关的安全防护规定和要求操作。

4. 留样

水泥、外加剂、沥青、粉煤灰、钢材及连接件等宜按照相关规定进行留样,其他材料可视需要将其留样。样品检验不合格,但检验后的样品可以表现其质量状态的应同时将其留样,如钢材(包括焊接件样品)等。现场钻取的芯样、水泥混凝土等试验残体如有必要也可以留样,如图 6-10 所示。

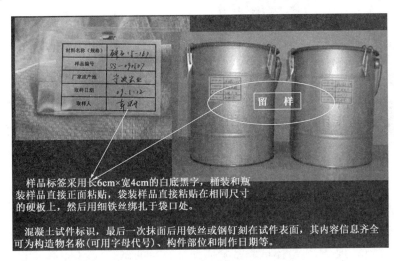

图 6-10　留样管理

五、试验室环境管理

工地试验室应建立环境管理制度,对各功能室的采光、卫生、温度、湿度、噪声、振动、污染等进行严格控制和管理。

(1)标准养护室有温度、湿度监控记录要求,仪器设备附近墙体可采用硬面夹悬挂装订成簿的《标准养护室温湿度监控记录》,并按规定时间、频次做好监控记录。

(2)工作环境保持清洁、整齐、有序;仪器设备、辅助工具布置摆放要便于工作,无与试验检测无关的杂物。

(3)对化学危险品应按照有关规定,加强严格控制,确保不泄漏、不丢失、不扩散、不会对试验检测人员和公共安全造成危害。

(4)对试验检测过程中产生的废气、废液、粉尘,应有相应的设备进行有效合理排放;不得造成人身伤害和环境污染。

六、检测标准与方法管理

(1)工地试验室应建立标准文件管理制度,按照母体试验室授权开展的试验检测项目和参数,将相应的标准规范规程和设计文件等技术资料配备齐全,并进行确认和受控管理。

(2)对使用的标准、方法可通过标准查新机构或网站等有效可靠的途径进行不间断地跟踪确认和更新,确保在用的标准、方法均为现行有效。

(3) 如标准、方法更新,工地试验室应根据变更情况,执行有关变更程序,及时采用新标准且受控。

(4) 工地试验室应按照相关技术标准和规范要求,使用适合的方法和程序实施试验检测活动,优先选择国家标准、行业标准、地方标准。

七、试验检测资料管理

工地试验室应建立试验检测档案资料管理制度,严格按照档案管理规定和项目建设要求进行分类、整理、归档,按照资料形成的先后顺序或项目完成情况与工程同步进行。

图6-11　资料归档

(1) 工地试验室资料除记录和报告外,还应包括与工地试验室管理相关的资料和档案。

(2) 试验检测资料可根据《归档文件整理规则》《建设工程文件归档整理规范》《公路建设项目文件材料立卷归档管理办法》等规定进行整理归档。工地试验室资料如有照片和影像记录、电子文件可按照《照片档案管理规范》《电子文件归档与管理规范》等规定执行,如图6-11所示。

(3) 工程建设任务结束后,工地试验室应将试验检测记录和报告等资料按照档案管理和项目建设要求整理归档,及时移交项目建设单位档案管理部门;将其他试验检测资料整理、归档,移交母体试验室管理,作为母体试验室资质换证复核的试验检测业绩,如图6-11所示。

第四节　公路工程试验检测信息化管理

公路试验检测信息化管理就是用计算机、网络以及人工智能等高新技术提高试验检测的项目化管理以及科学化项目决策的程度。通过构建统一的公路工程试验室检测信息化管理平台,提高试验检测工作效率,减少人为差错,实现数据资源共享,同时可以加强试验检测管理的科学和规范,为工程质量管理提供分析决策。

一、公路工程试验检测信息化管理的作用

公路工程试验检测信息化管理对公路工程的质量具有指导性、监控性,其主要作用表现在以下几个方面。

1. 保证过程透明与公正

信息化管理可以保证公路试验检测的运作透明化,并可以有效地处理公路试验检测运作的不透明、人员操纵检测结果等问题,从而保证公路试验检测结果的真实性和准确性。公正性主要体现在检测结果的客观性。由于人为操作公路试验检测具有一定的主观性,往往会与实际结果存在一定偏差,而信息化管理具有固定的流程,能够保证检测数据的真实性与精确性。

2. 提高检测结果的准确性

由于施工单位建设的工地临时试验室，出于自身经济利益和利害关系的考虑，往往不可避免地在试验检测的规范性、结果评价的严谨性、试验检测的目的性上产生偏差，由施工单位给出的检测数据真实性往往难以保证。由于施工单位检测报告将直接影响工程的竣工验收，在施工进度的压力下，施工单位试验室是否能够出具数据真实的报告更难以控制。为了保证公路试验检测数据具有一定真实性，有必要进行信息化管理。信息化管理能够克服施工单位工作的专业化人员的欠缺和试验检测环境限制条件。

3. 节省人力、物力、财力

随着科学技术的不断发展，信息化管理也应运而生，信息化管理尤其具有便捷性，这与传统管理无法比拟，信息化管理具有管理流程的固定性，流程也具有一体化、标准化和优化的特点。在公路试验检测中，传统人力检测需要投入大量资金，往往施工单位为节约投资，导致公路试验检测数据缺乏准确性，但在公路试验检测中引入信息化管理，既可以节约大量的人力，也可以节约施工单位为检测的投入。

二、公路工程试验检测信息化管理系统的组成

1. 记录报告，标准化子系统

按照公路试验检测数据报告编制导则有关规定，提供统一规范的记录、报告文件，标准格式，能自动按照现行标准规范，对原始数据进行计算，绘图数字修约，提示平行抽样，给出正确的试验检测结果判定和规范的检测结论。

2. 试验检测工作，日常管理子系统

提供人员管理、设备管理、标准规范管理、样品管理、项目参数管理、试验台账管理等功能模块，并能做到互联共享。

3. 重点试验数据，采集子系统

通过对压力机、万能材料试验机、恒应力压力机、电动抗折试验机等安装自动采集设备，实现对水泥混凝土、砂浆、岩石的抗压强度和抗折强度，对钢筋焊接及机械连接的屈服强度和抗拉强度，水泥的抗压强度和抗折强度等检测项目参数的试验检测数据自动采集及上传，确保数据的原始性和真实可靠。

4. 试验检测数据库

将各类试验检测数据，包括自动采集上传数据，管理台账，人员及设备的信息传导试验检测数据库，根据管理的不同需求，对各类数据进行统计分析，并通过网络技术，为不同质量管理部门提供查询管理监督的服务功能，实现数据资源共享与交流。

5. 远程视频监控子系统

为加强工地试验室检测人员的考勤管理和规范其检测行为，杜绝人员挂证不到岗、代签试验检测记录报告、不做试验出报告等不良现象，建设远程视频监控子系统是行之有效的手段。

三、等级试验室信息化管理主要内容

1. 检测中心管理

此模块应完成对检测中心核心资源的管理，通常的信息化管理系统包括资质管理、人员管

理、证书管理、设备管理等功能，部分信息化方案还包括办公自动化系统的部分内容。

2. 试验检测管理

此模块主要完成对试验检测流程的管理，包含从委托收样、收费、任务分配、试验检测、报告编制、报告审核、报告签发、报告打印、报告领取全流程的管理。

3. 样品管理

此模块主要完成对来样样品的规范化管理，通过系统可实现真正的盲样管理。

4. 设备管理

此模块主要完成对设备的管理，包括设备购买、维护、校准、租赁、外借、维修、报废等功能。

5. 质量活动管理

此模块主要完成对机构质量活动的信息化管理，包括比对试验、纠正预防措施、内审、质量体系文件管理、新参数开展、规程管理等功能。

6. 收费管理

此模块主要完成通用收费管理功能，包括单价设置、自动算价、合同支付、发票管理等功能。

7. 合同管理

此模块主要完成对机构业务类合同的管理，需支持打折合同、包干合同、参数单价合同等本行业特有的合同类型。

8. 编号管理

通过对系统涉及的委托编号、样品编号、记录编号、报告编号的自动管理，可杜绝编号不统一，容易跳号、漏号、重号的问题。

四、工地试验室信息化管理主要内容

工地试验室信息化管理侧重于工地试验室、中心试验室、监理、业主等多单位间的共同协作与管理。

1. 试验室管理

此模块完成对试验室人员、资质的管理。

2. 试验检测管理(含编号管理)

此模块完成试验检测单位的试验检测事务，包括抽样/取样、试验检测、报告生产、报告审批等流程功能。

3. 质检评定

此模块主要完成项目上的质量评定工作。

4. 设备管理

此模块完成对设备的管理，包括设备定时检定、校准、提醒等功能。

5. 试验检测及评定资料归档

此模块完成将项目中的试验检测及评定资料按交竣工资料编制办法进行自动归档。

五、信息化应用与技术发展趋势

1. 云计算

随着经济的进一步发展,我国逐渐出现了规模较大的试验检测机构,目前已有部分检测中心持证人员超过 600 人,在信息化建设时,通过云服务器的构架,可实现服务端计算能力的无限扩展,方便应对检测机构或项目的扩张。且云计算带来的各类优势,可为行业信息化实施扫清各类基础障碍(服务器安全及稳定性方面工作、网络负载工作),降低信息化实施成本,并提供更优秀的性能扩展能力。

2. 大数据

试验检测机构是构筑质量管理防线的桥头堡,检测机构检测的原材料质量信息可对原材料市场形成指导,对于规范原材料市场有着积极作用。构建区域大数据平台,可提供区域性试验检测大数据仓库,并针对大数据分析可获取诸多有利信息,例如针对配合比设计试验,可获取出目标强度配合比的最低成本设计配合比,结合造价管理系统,可为生产企业节约大量成本。

3. 互联网化

随着检测行业的不断发展,跨地域跨组织机构办公越来越成为常态,而之前试验检测行业的试验检测软件大部分还是 C/S 结构应用程序,试验室管理信息化也在经历着变革,从单一的试验数据自动计算以及报告自动编制的工具性软件发展为试验室综合性管理软件,从 C/S 架构升级到 B/S 架构,从局限于检测机构办公室使用发展到可通过互联网办公,检测机构负责人就可以在外出差或在家里签发检测报告,以及对单位的内务工作进行审批,或对单位的营收情况进行查阅,以此提高管理强度和时效性。其次,可以通过试验室信息化管理软件,对单位的人、财、物等进行信息化管理,提升整个检测机构的管理水平。

4. 物联网技术

通过物联网技术,直接采集各类数字化设备数据,简化试验检测流程,使紧缺的试验检测人员将工作重心集中在试验检测的核心上,省去抄写大量数据带来的机械工作量,提升检测中心运作效率。此外,各种智能化物联网设备的使用,例如智能化的温湿度控制室、智能样品管理柜等,也可使试验检测流程更加顺畅,管理规范性大大增强,且节省人力。

思考与练习

1. 试验室规划原则有哪些?
2. 样品管理有哪些具体要求?
3. 试验室仪器设备管理有哪些注意事项?
4. 公路工程试验检测信息化管理的主要内容有哪些?

第七章 公路技术状况评定

(1) 掌握公路技术状况评价指标体系和公路技术状况评定标准。
(2) 熟悉公路技术状况检测与调查方法,能够制订公路技术状况检测与调查方案。
(3) 掌握路面、路基、桥隧、沿线设施病害的识别和评定。
(4) 能够依据《公路技术状况评定标准》(JTG 5210—2018)进行公路技术状况评定。

公路技术状况评定的目的是为公路管理部门编制公路养护和维修计划提供依据,为积极实施预防性养护奠定基础,对公路养护质量和管理水平进行科学评价。公路技术状况评定工作,应遵循客观、科学和高效的原则,积极采用先进的检测与评价手段,保证结果准确可靠。

第一节 公路技术状况评价指标体系和评定标准

一、公路技术状况评价指标体系

公路技术状况评价包含路面、路基、桥隧构造物和沿线设施四部分内容。评价指标体系如图 7-1 所示。各指标值域均为 0~100。

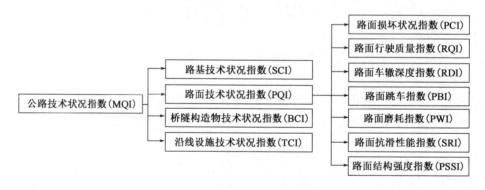

图 7-1 公路技术状况评价指标体系

图中:MQI——公路技术状况指数(Highway Maintenance Quality Indicator);
　　SCI——路基技术状况指数(Subgrade Condition Index);
　　PQI——路面技术状况指数(Pavement Maintenance Quality Index);
　　BCI——桥隧构造物技术状况指数(Bridge,Tunneland Culvert Condition Index);
　　TCI——沿线设施技术状况指数(Traffic Facility Condition Index);
　　PCI——路面损坏状况指数(Pavement Surface Condition Index);
　　RQI——路面行驶质量指数(Pavement Riding Quality Index);

RDI——路面车辙深度指数（Pavement Rutting Depth Index）；
PBI——路面跳车指数（Pavement Bumping Index）；
PWI——路面磨耗指数（Pavement Surface wearing Index）；
SRI——路面抗滑性能指数（Pavement Skidding Resistance Index）；
PSSI——路面结构强度指数（Pavement Structure Strength Index）。

二、公路技术状况评价评定标准

公路技术状况分为优、良、中、次、差 5 个等级。公路技术状况等级划分标准按表 7-1 规定的标准确定。

公路技术状况等级划分标准　　表 7-1

评定指标	优	良	中	次	差
MQI	≥90	≥80，<90	≥70，<80	≥60，<70	<60

公路技术状况各分项指标应分为优、良、中、次、差 5 个等级。各分项指标的等级划分标准按表 7-2 规定的标准确定。

公路技术状况分项指标等级划分标准　　表 7-2

评定指标	优	良	中	次	差
SCI、PQI、BCI、TCI	≥90	≥80，<90	≥70，<80	≥60，<70	<60
PCI、RQI、RDI、PBI、PWI、SRI、PSSI	≥90	≥80，<90	≥70，<80	≥60，<70	<60

注：1. 高速公路路面损坏状况指数 PCI 等级划分标准，"优"应为大于或等于 92，"良"在 80～92 之间，其他保持不变。
2. 水泥混凝土路面行驶质量指数 RQI 等级划分标准，"优"应为大于或等于 88，"良"在 80～88 之间，其他保持不变。

第二节　公路损坏分类

公路损坏有路基损坏、路面损坏和沿线设施损坏三个大的方面，路面损坏包括沥青路面损坏、水泥混凝土路面损坏两种类型。

一、路基损坏分类

路基损坏分 8 类，见表 7-3。

路基损坏的类型　　表 7-3

损坏类型及表现形式	分级	特征及分级指标	计量方法
（1）路肩边沟不洁：路肩（包括土路肩、硬路肩和紧急停车带）和边沟（包含边坡）有杂物、油渍、垃圾及堆积物	—	—	按行车方向的长度计算，每 1m 扣 0.5 分
（2）路肩损坏：路肩上出现的各种损坏	轻	沥青路面和水泥混凝土路面路肩所有轻、中度损坏，砂石路面损坏按轻度处理	所有损坏均按损坏的实际面积计算，每 1m² 扣 1 分，累计面积不足 1m² 按 1m² 计算
	重	沥青路面和水泥混凝土路面路肩所有重度损坏	所有损坏均按损坏的实际面积计算，每 1m² 扣 2 分，累计面积不足 1m² 按 1m² 计算

续上表

损坏类型及表现形式	分级	特征及分级指标	计量方法
(3)边坡坍塌:路堤、路堑边坡表面松散及破碎引起的边坡坡面局部坍塌	轻	长度小于或等于5m	损坏按处和行车方向的长度(m)计算
	中	长度在5~10m之间	
	重	长度大于10m	
(4)水毁冲沟:由于雨水冲刷形成的冲沟	轻	深度小于或等于0.2m	损坏按处和冲刷深度(m)计算
	中	深度在0.2~0.5m之间	
	重	深度大于0.5m	
(5)路基构造物损坏:包括挡墙等圬工体出现的表面、局部和结构等损坏	轻	勾缝损坏、沉降缝损坏、表面破损、钢筋外露和锈蚀等	每10m计1处,不足10m按1处计算
	中	局部基础淘空、墙体脱空、轻度裂缝、鼓肚、下沉等	每10m计1处,不足10m按1处计算
	重	整体开裂、倾斜、滑移、倒塌等	—
(6)路缘石缺损:路缘石丢失或损坏	—		按长度(m)计算
(7)路基沉降:深度大于30mm的沉降	轻	沉降长度小于5m	损坏按处和长度(m)计算
	中	沉降长度在5~10m之间	—
	重	沉降长度大于10m	—
(8)排水不畅:路基边沟、排水沟、截水沟等排水系统淤塞	轻	边沟、排水沟、截水沟等排水系统存在杂物、垃圾	每10m计1处,不足10m按1处计算
	中	边沟、排水沟、截水沟等排水系统全截面堵塞,出现衬砌剥落、破损、圬工体破裂、管道损坏等	每10m计1处,不足10m按1处计算
	重	路基排水系统与外部排水系统不连通	—

路基损坏调查数据填写在表7-4中。

路基损坏调查表　　　　　　　　　　　　表7-4

调查时间:　　　　　　　　　　　　　　　调查人员:

路线编码名称:　　　调查方向:　　　　起点桩号:　　单元长度:　　路面宽度:

调查内容	程度	单位扣分	权重 w_i	计量单位	百米扣分										累计损坏
					1	2	3	4	5	6	7	8	9	10	
路肩损坏	轻	1	0.10	m²											
	重	2													
边坡坍塌	轻	20	0.25	处											
	中	50													
	重	100													
水毁冲沟	轻	20	0.25	处											
	中	30													
	重	50													

续上表

调查内容	程度	单位扣分	权重 w_i	计量单位	百米扣分 1	2	3	4	5	6	7	8	9	10	累计损坏
路基构造物损坏	轻	20	0.10	处											
	中	50													
	重	100													
路缘石缺损		4	0.05	m											
路基沉降	轻	20	0.10	处											
	中	30													
	重	50													
排水不畅	轻	20	0.10	处											
	中	50													
	重	100													

二、沥青路面损坏

沥青路面损坏分11类21项,见表7-5。

沥青路面损坏的类型　　　　　　　　　　　　表7-5

损坏类型及表现形式	分级	特征及分级指标	计量方法
（1）龟裂：在路面表现为相互交错的小网格状裂缝，因其形状类似乌龟背而被称为龟裂	轻	初期裂缝，裂区无变形、无散落，缝细，平均裂缝宽度在2mm以下，主要裂缝块度在0.2~0.5m之间	损坏按面积计算
	中	龟裂的发展期，龟裂状态明显，裂缝区有轻度散落或轻度变形，主要裂缝宽度在2~5mm之间，主要裂缝块度小于0.2m	
	重	龟裂特征显著，裂块较小，裂缝区变形明显、散落严重，平均裂缝宽度大于5mm，主要裂缝块度小于0.2m	
（2）块状裂缝	轻	缝细、裂缝区无散落，平均裂缝宽度在1~2mm之间，主要分裂块度大于1.0m	损坏按面积计算
	重	缝宽、裂缝区有散落，平均裂缝宽度大于2mm，主要裂缝块度在0.5~1.0m之间	
（3）纵向裂缝：与行车方向基本平行的裂缝	轻	缝细、裂缝壁无散落或有轻微散落，无支缝或有少量支缝，裂缝宽度小于或等于3mm	损坏按长度计算，检测结果要用影响宽度(0.2m)换算成面积
	重	缝宽、裂缝壁有散落、有支缝，主要裂缝宽度大于3mm	
（4）横向裂缝：与行车方向基本垂直的裂缝	轻	缝细、裂缝壁无散落或有轻微散落，裂缝宽度小于或等于3mm	损坏按长度计算，检测结果要用影响宽度(0.2m)换算成面积
	重	缝宽、裂缝贯通整个路面，裂缝壁有散落并伴有少量支缝，主要裂缝宽度大于3mm	
（5）坑槽	轻	坑槽深度小于25mm，或有效坑槽面积在0.1m²以内（约0.3m×0.3m）	损坏按面积计算
	重	坑槽深度大于或等于25mm，或有效坑槽面积大于0.1m²（约0.3m×0.3m）	

续上表

损坏类型及表现形式	分级	特征及分级指标	计量方法
(6)松散	轻	路面细集料散失、脱皮、麻面等表面损坏	损坏按面积计算
	重	路面粗集料散失、脱皮、麻面、露骨、表面剥落、有小坑洞	
(7)沉陷:大于10mm的路面局部下沉	轻	深度在10~25mm之间,行车无明显颠簸感	损坏按面积计算
	重	深度大于25mm,行车有明显颠簸感	
(8)车辙:轮迹处深度大于10mm的纵向带状凹槽(辙槽)	轻	辙槽浅,深度在10~15mm之间	检测结果要用影响宽度(0.4m)换算成面积
	重	辙槽深,深度15mm以上	
(9)波浪拥包	轻	波峰波谷高差小,高差在10~25mm之间	损坏按面积计算
	重	波峰波谷高差大,高差大于25mm	
(10)泛油:路面沥青被挤出或表面被沥青膜覆盖形成发亮的薄油层	—	—	损坏按面积计算
(11)修补:龟裂、坑槽、松散、沉陷、车辙等的修补面积或修补影响面积	—	—	块状修补应按面积计算,条状修补按长度(m)乘以影响宽度0.2m计算,长度大于5m的整车道修补不计入路面修补损坏

沥青路面损坏调查数据填写在表7-6中。

沥青路面损坏调查表　　　　表7-6

调查时间:　　　　　　　　　　　　　调查人员:

路线编码名称:		调查方向:		起点桩号:		单元长度:			路面宽度:				
调查内容	程度	权重 w_i	单位	百米损坏									累计损坏
				1	2	3	4	5	6	7	8	9	10	
龟裂	轻	0.6	m²											
	中	0.8												
	重	1.0												
块状裂缝	轻	0.6	m²											
	重	0.8												
纵向裂缝	轻	0.6	m											
	重	1.0												
横向裂缝	轻	0.6	m											
	重	1.0												
坑槽	轻	0.8	m²											
	重	1.0												
松散	轻	0.6	m²											
	重	1.0												
沉陷	轻	0.6	m²											
	重	1.0												
车辙	轻	0.6	m											
	重	1.0												

续上表

调查内容	程度	权重 w_i	单位	百米损坏											累计损坏
				1	2	3	4	5	6	7	8	9	10	
波浪拥包	轻	0.6	m²											
	重	1.0												
泛油		0.2	m²											
修补		0.1	m²											

三、水泥混凝土路面损坏

水泥混凝土路面损坏分11类20项，见表7-7。

水泥混凝土路面损坏的类型　　　　　　　　　　　表7-7

损坏类型及表现形式	分级	特征及分级指标	计量方法
(1)破碎板	轻	板块被裂缝分为3块以上，破碎板未发生松动和沉陷	损坏按面积计算
	重	板块被裂缝分为3块以上，破碎板有松动、沉陷和唧泥等现象	
(2)裂缝：板块上只有一条裂缝，裂缝类型包括横向、纵向和不规则的斜裂缝等	轻	裂缝窄、裂缝处未剥落，缝宽小于3mm，一般为未贯通裂缝	损坏按长度计算，检测结果要用影响宽度(1.0m)换算成面积
	中	边缘有碎裂，裂缝宽度在3~10mm之间	
	重	缝宽、边缘有碎裂并伴有错台出现，缝宽大于10mm	
(3)板角断裂：裂缝与纵横接缝相交，且交点距板角小于或等于板边长度一半的损坏	轻	主要裂缝宽度小于3mm	损坏按断裂板角的面积计算
	中	主要裂缝宽度在3~10mm之间	
	重	主要裂缝宽度大于10mm，断角有松动	
(4)错台：接缝两边出现的高差大于5mm的损坏	轻	接缝两侧高差5~10mm	损坏按长度计算，检测结果要用影响宽度(1.0m)换算成面积
	重	高差10mm以上	
(5)唧泥：板块在车辆驶过后，接缝处有基层泥浆涌出	—	—	
(6)边角剥落：沿接缝方向的板边碎裂和脱落，裂缝面与板面成一定角度	轻	板边上的碎裂和脱落	—
	中	板边上的碎裂和脱落，接缝附近水泥混凝土有开裂	
	重	板边上的碎裂和脱落，接缝附近水泥混凝土多处开裂，开裂深度超过接缝槽底部	
(7)接缝料损坏：由于接缝的缝料老化、剥落等原因，接缝内已无填料，接缝被砂、石、土等填塞	轻	填料老化，不密水，但尚未脱落脱空，未被砂、石、土等填塞	检测结果应用影响宽度(1.0m)换算成损坏面积
	重	1/3以上接缝出现空缝或被砂、石、土填塞	
(8)坑洞：板面出现有效直径大于30mm、深度大于10mm的局部坑洞	—	—	损坏按坑洞或坑洞群的包络面积计算
(9)拱起：横缝两侧的板体发生明显抬高，高度大于10mm	—	—	损坏按拱起所涉及的板块面积计算

105

续上表

损坏类型及表现形式	分级	特征及分级指标	计量方法
(10)露骨:板块表面细集料散失、粗集料暴露或表层疏松剥落	—	—	损坏按面积计算
(11)修补:裂缝、板角断裂、边角剥落、坑洞和层状剥落的修补面积或修补影响面积	—	—	裂缝修补按长度计算,影响宽度为0.2m

水泥混凝土路面损坏调查数据以表7-8记录。

水泥混凝土路面损坏调查表　　　　　　　表7-8

调查时间:　　　　　　　　　　　　调查人员:

路线编码名称:		调查方向:		起点桩号:	单元长度:				路面宽度:			
调查内容	程度	权重 w_i	单位	百米损坏								累计损坏
				1	2	3	4	5	6	7	8	9	10	

调查内容	程度	权重 w_i	单位	1	2	3	4	5	6	7	8	9	10	累计损坏
破碎板	轻	0.8	m²											
	重	1.0												
裂缝	轻	0.6	m											
	中	0.8												
	重	1.0												
板角断裂	轻	0.6	m²											
	中	0.8												
	重	1.0												
错台	轻	0.6	m											
	重	1.0												
唧泥		1.0	m											
边角剥落	轻	0.6	m											
	中	0.8												
	重	1.0												
接缝料损坏	轻	0.4	m											
	重	0.6												
坑洞		1.0	m²											
拱起		1.0	m²											
露骨		0.3	m²											
修补		0.1	m²											

第三节　公路技术状况检测与调查

一、检测与调查内容

公路技术状况检测与调查包括路面、路基、桥隧构造物和沿线设施四部分内容。路面检测与调查应包括路面损坏、路面平整度、路面车辙、路面跳车、路面磨耗、路面抗滑性能和路面结构强度七项内容。

公路技术状况检测与调查应以1000m路段长度为基本检测(或调查)单元。在路面类型、交通量、路面宽度和养管单位等变化处,检测(或调查)单元的长度可不受此规定限制,但是在非整千米路段处,最短检测(或调查)单元应不小于100m,最长检测(或调查)单元应不大于2000m。

公路技术状况检测与调查应按上行(桩号递增方向)和下行(桩号递减方向)两个方向分别实施,二、三、四级公路可不分上下行检测与调查。

二、检测与调查频率

公路技术状况检测与调查的频率一般情况下按表7-9的规定执行,有条件的地区可以根据工作需要,增加部分或全部指标的检测调查频率。

公路技术状况检测与调查频率 表7-9

内容		沥青路面		水泥混凝土路面	
		高速公路、一级公路	二、三、四级公路	高速公路、一级公路	二、三、四级公路
路面PQI	路面损坏	1年1次	1年1次	1年1次	1年1次
	路面平整度	1年1次	1年1次	1年1次	1年1次
	路面车辙	1年1次			
	路面跳车			1年1次	
	路面磨耗	1年1次			
	路面抗滑性能	2年1次		2年1次	
	路面结构强度	抽样检测	抽样检测		
路基SCI		1年1次			
桥隧构造物BCI		按现行标准规范规定的频率执行			
沿线设施TCI		1年1次			

注:路面结构强度为抽样检测指标,抽样检测的路线或路段应按路面养护管理需要确定,最低抽样比例不得低于公路网列养里程的20%。

三、检测与调查方法

1. 路基技术状况检测与调查

路基技术状况可采用人工调查和自动化检测方式,条件具备时应优先使用自动化检测设备,不适宜自动化检测的路线或路段则采用人工调查方式。

路基各类损坏调查应以100m为单位,按损坏程度,每100m计1个扣分,每一个调查单元计算1个合并累计扣分。

2. 路面技术状况自动化检测

路面技术状况自动化检测指标应包括路面破损率DR、国际平整度指数IRI、路面车辙深度RD、路面跳车PB、路面构造深度MPD、横向力系数SFC和路面弯沉l_0。其中,路面构造深度MPD和横向力系数SFC为二选一指标。

路面技术状况自动化检测应符合现行《多功能路况快速检测设备》(GB/T 26764)和《公

路路面技术状况自动化检测规程》(JTG/T E61—2014)的规定。

路面技术状况检测应采用自动化检测设备。每个检测方向应至少检测一个主要行车道。二、三、四级公路的路面技术状况检测宜选择技术状况相对较差的方向。

(1)路面损坏自动化检测应满足下列要求：

①检测指标应为路面破损率 DR,每 10m 应计算 1 个统计值。

②路面损坏应纵向连续检测,横向检测宽度应不小于车道宽度的 70%。检测设备应能分辨约 1mm 的路面裂缝,检测数据宜采用机器自动识别,识别准确率应达到 90%以上。

(2)路面平整度自动化检测应满足下列要求：

①应采用断面类检测设备。

②检测指标应为国际平整度指数 IRI,每 10m 应计算 1 个统计值。

③超出设备有效检测速度或有效减速度范围的数据应为无效数据。

(3)路面车辙自动化检测应满足下列要求：

①应采用断面类检测设备。

②检测指标应为路面车辙深度 RD,每 10m 应计算 1 个统计值。

③当横断面数据出现异常或横断面数据不完整时,该检测断面应为无效数据。

(4)路面跳车自动化检测应满足下列要求：

①应采用断面类检测设备。

②检测指标应为路面跳车 PB,每 10m 应计算 1 个统计值。

(5)路面磨耗自动化检测应满足下列要求：

①应采用断面类检测设备。

②检测位置应为车道的左轮迹带、右轮迹带和无磨损的车道中线。

③检测指标应为路面构造深度 MPD,每 10m 应计算 1 个统计值。

(6)路面抗滑性能自动化检测应满足下列要求：

①应采用横向力系数检测设备或其他具有有效相关关系的自动化检测设备,相关系数应不小于 0.95。

②检测指标应为横向力系数 SFC,每 10m 应计算 1 个统计值。

(7)路面结构强度自动化检测应满足下列要求：

①应采用与贝克曼梁具有有效相关关系的高效自动化弯沉检测设备,相关系数应不小于 0.95。

②检测指标应为路面弯沉 l_0,每 20m 应计算 1 个统计值。

③路面弯沉检测应满足现行《公路路基路面现场测试规程》(JTG E60)的规定。

3. 路面技术状况人工调查

(1)路面损坏人工调查应满足下列要求：

①人工调查的路面损坏类型应满足《公路技术状况评定标准》(JTG 5210—2018)第 5.2 节和第 5.3 节的规定。同位置存在多类路面损坏时,应计权重最大的损坏。

②各类路面损坏应以 100m 为单位,按损坏程度,每 100m 计 1 个损坏,每一个调查单元计算 1 个累计损坏面积。

③路面损坏人工调查应包含所有行车道,紧急停车带应按路肩处理。

(2)路面结构强度人工调查应满足下列要求：

①应采用贝克曼梁。
②检测指标应为路面弯沉 l_0。
③检测方法应满足现行《公路路基路面现场测试规程》(JTG E60)的规定。

4. 桥隧构造物技术状况检测与调查

(1)桥隧构造物技术状况可采用人工调查和自动化检测方式。

(2)桥梁技术状况检测与调查应满足现行《公路桥梁技术状况评定标准》(JTG/T H21)的规定。隧道技术状况检测与调查应满足现行《公路隧道养护规范》(JTG H12)的规定。涵洞技术状况检测与调查应满足现行《公路桥涵养护规范》(JTGH11)的规定。

(3)桥隧构造物检测与调查应以100m为单位,按评定等级,每100m计1个扣分,每一个调查单元计算1个合并累计扣分。

5. 沿线设施技术状况检测与调查

(1)沿线设施技术状况可采用人工调查和自动化检测方式。

(2)沿线设施技术状况损坏类型应满足标准规定。

(3)沿线设施的各类损坏应以100m为单位,按损坏程度,每100m计1个扣分,每一个调查单元计算1个合并累计扣分。

公路技术状况检测与调查方法见表7-10。

公路技术状况检测与调查方法 表7-10

检测调查内容		调查方法	备 注
路面检测	路面损坏状况检测	自动化快速检测	(1)应纵向连续检测,横向检测宽度不得小于车道宽度的70%。 (2)检测设备应能够分辨1mm以上的路面裂缝,检测结果宜采用计算机自动识别,识别准确率应达到90%以上。 (3)检测数据以10m为单位长期保存
		人工快速检测	(1)调查范围应包含所有行车道,按损坏类型实地调查。 (2)紧急停车带按路肩处理。 (3)路面损坏检测数据应以100m为单位长期保存
	路面平整度检测	自动化快速检测	路面平整度检测数据应以20m为单位长期保存
		3m直尺人工检测	(1)条件不具备的、三、四级公路,路面平整度可采用3m直尺人工检测。 (2)路面平整度检测数据应以100m为单位长期保存
	路面车辙检测	自动化快速检测	(1)可结合路面损坏和路面平整度一并检测。 (2)根据断面数据计算路面车辙深度(RD),计算结果应以10m为单位长期保存
	路面抗滑性能检测	自动化快速检测	路面抗滑性能检测数据(横向力系数)应以20m为单位长期保存
	路面结构强度检测	自动化快速检测	(1)路面结构强度为抽检指标。 (2)检测结果换算为回弹弯沉。 (3)检测数据以20m为单位长期保存。 (4)采用贝克曼梁检测时,检测数量不小于20点/(km·车道)。 (5)抽样检测时,检测范围可控制在养护里程的20%以内

续上表

检测调查内容	调查方法	备 注
路基调查	人工调查	按路基损坏类型实地调查
桥隧构造物调查		实地调查后分别按桥梁、隧道、涵洞规定的等级评定
沿线设施调查		按沿线设施的损坏类型实地调查

常见的公路技术状况自动化检测设备如图 7-2～图 7-5 所示。路面平整度人工评定标准见表 7-11。

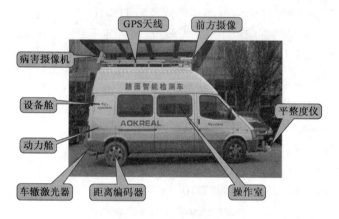

图 7-2 车载式智能检测车

图 7-3 摩擦系数测试车

图 7-4 横向力系数检测车

图 7-5 动态弯沉检测车

路面平整度人工评定标准　　　　　　　　表7-11

技术等级	优	良	中	次	差
RQI	≥90	≥80,<90	≥70,<80	≥60,<70	<60
3m直尺(mm)	≤10	>10,≤12	>12,≤15	>15,≤18	>18
颠簸程度	无颠簸,行车平稳	有轻微颠簸,行车尚平稳	有明显颠簸,行车不平稳	严重颠簸,行车很不平稳	非常颠簸,非常不平稳

注意:对于沥青路面的高速公路以及一级公路,路面车辙列为独立的评价指标,所以在进行路面损坏状况调查检测时,表7-10中的路面车辙损坏不再重复计算。

四、检测数据的记录

(1)采集到的损坏数据,整数按常规填写,非整数保留至小数点后1位。
(2)计算结果保留小数点后2位。

第四节　公路技术状况评定方法

一、一般规定

公路技术状况的基本评定单元为千米路段。在行政等级、技术等级、路面类型、路面宽度、交叉口、出入口和管养单位等变化处可能存在非整千米路段。在非整千米路段处,评定单元长度通常为100~1900m。

公路技术状况评定应计算优等路率、优良路率和次差路率三项统计指标。

二、公路技术状况(MQI)评定

公路技术状况应采用公路技术状况指数MQI评定。MQI应按式(7-1)计算。

$$MQI = w_{SCI}SCI + w_{PQI}PQI + w_{BCI}BCI + w_{TCI}TCI \tag{7-1}$$

式中:w_{SCI}——SCI在MQI中的权重,取值为0.08;
　　　w_{PQI}——PQI在MQI中的权重,取值为0.70;
　　　w_{BCI}——BCI在MQI中的权重,取值为0.12;
　　　w_{TCI}——TCI在MQI中的权重,取值为0.10。

对长度小于或大于1000m的非整千米评定单元,除PQI外,SCI、BCI和TCI三项指标的实际扣分应换算成基本评定单元的扣分[实际扣分×基本评定单元长度(1000m)/实际评定单元长度]。桥隧结构物评价结果(BCI)计入桥隧构造物所属评定单元。

存在五类桥梁、五类隧道、危险涵洞及影响交通安全的重度边坡坍塌的评定单元,MQI值应取0。

路线公路技术状况评定时,应采用路线内所有评定单元MQI的算术平均值作为改路线的MQI。

公路网公路技术状况评定时,应采用公路网内所有路线MQI的长度加权平均值作为该公路网的MQI。

MQI及各级分项指标评价结果应保留两位小数。

三、路基技术状况(SCI)的评定

路基技术状况用路基技术状况指数(SCI)评价,按式(7-2)计算:

$$\text{SCI} = \sum_{i=1}^{i_0} w_i(100 - \text{GD}_{i\text{SCI}}) \tag{7-2}$$

式中:$\text{GD}_{i\text{SCI}}$——第i类路基损坏的累计扣分,最高分值为100,按表7-12的规定计算;

w_i——第i类路基损坏的权重,按表7-12取值;

i——路基损坏类型;

i_0——路基损坏类型总数,取7。

路基损坏扣分标准 表7-12

类型i	损坏名称	损坏程度	计量单位	单位扣分	权重(w_i)	备 注
1	路肩损坏	轻	m²	1	0.10	—
		重		2		
2	边坡坍塌	轻	处	20	0.25	边坡坍塌为重度且影响交通安全时,该评定单元的MQI值应取0
		中		50		
		重		100		
3	水毁冲沟	轻	处	20	0.15	—
		中		30		
		重		50		
4	路基构造物损坏	轻	处	20	0.10	路基构造物损坏为重度时,该评定单元的SCI值应取0
		中		50		
		重		100		
5	路缘石缺损	—	m	4	0.05	
6	路基沉降	轻	处	20	0.25	
		中		30		
		重		50		
7	排水不畅	轻	处	20	0.10	—
		中		50		
		重		100		

四、路面技术状况(PQI)评定

沥青路面技术状况评定应包括路面损坏、路面平整度、路面车辙、路面跳车、路面磨耗、路面抗滑性能和路面结构强度七项技术内容。其中,路面结构强度为抽样评定指标,单独计算与评定,评定范围根据路面大中修养护需求、路基的地质条件等自行确定。

水泥混凝土路面技术状况评定应包括路面损坏、路面平整度、路面跳车、路面磨耗和路面抗滑性能五项技术内容。

根据《公路技术状况评定标准》(JTG 5210—2018),路面使用性能指数(PQI)按式(7-3)计算。

$$\text{PQI} = w_{\text{PCI}}\text{PCI} + w_{\text{RQI}}\text{RQI} + w_{\text{RDI}}\text{RDI} + w_{\text{PBI}}\text{PBI} + w_{\text{PWI}}\text{PWI} + w_{\text{SRI}}\text{SRI} + w_{\text{PSSI}}\text{PSSI} \tag{7-3}$$

式中：w_{PCI}——PCI 在 PQI 中的权重，按表 7-13 取值；
w_{RQI}——RQI 在 PQI 中的权重，按表 7-13 取值；
w_{RDI}——RDI 在 PQI 中的权重，按表 7-13 取值；
w_{PBI}——PBI 在 PQI 中的权重，按表 7-13 取值；
w_{PWI}——PWI 在 PQI 中的权重，按表 7-13 取值；
w_{SRI}——SRI 在 PQI 中的权重，按表 7-13 取值；
w_{PSSI}——PSSI 在 PQI 中的权重，按表 7-13 取值。

PQI 各分项指标权重　　　　表 7-13

路面类型	权重	高速公路、一级公路	二、三、四级公路
沥青路面	w_{PCI}	0.35	0.60
	w_{RQI}	0.30	0.40
	w_{RDI}	0.15	—
	w_{PBI}	0.10	—
	$w_{SRI(PWI)}$	0.10	—
	w_{PSSI}	—	—
水泥混凝土路面	w_{PCI}	0.50	0.60
	w_{RQI}	0.30	0.40
	w_{PBI}	0.10	—
	$w_{SRI(PWI)}$	0.10	—

注：采用 7-3 计算 PQI 时，路面抗滑性能指数 SRI 和路面磨耗指数 PWI 应二者取一；路面结构强度指数 PSSI 不参与 PQI 评定。

1. 路面损坏状况指数（PCI）的计算

$$PCI = 100 - a_0 DR^{a_1} \tag{7-4}$$

$$DR = 100 \times \frac{\sum_{i=1}^{i_0} w_i A_i}{A} \tag{7-5}$$

式中：DR——路面破损率，为各种损坏的折合损坏面积之和与路面调查面积之百分比（%）；
A_i——第 i 类路面损坏的面积（m^2）；
A——调查的路面面积（调查长度与有效路面宽度之积，m^2）；
w_i——第 i 类路面损坏的权重，按表 7-14 取值；
a_0——沥青路面采用 15.00，水泥混凝土路面采用 10.66；
a_1——沥青路面采用 0.412，水泥混凝土路面采用 0.461；
i——考虑损坏程度（轻、中、重）的第 i 项路面损坏类型（见表 7-15）；
i_0——包含损坏程度（轻、中、重）的损坏类型总数，沥青路面取 21，水泥混凝土路面取 20。

沥青路面损坏类型、权重和换算系数　　　　表 7-14

类型 i	损坏名称	损坏程度	计量单位	权重 w_i（人工调查）	换算系数 w_i（自动化检测）
1	龟裂	轻	m^2	0.6	1.0
2		中		0.8	
3		重		1.0	

续上表

类型 i	损坏名称	损坏程度	计量单位	权重 w_i（人工调查）	换算系数 w_i（自动化检测）
4	块状裂缝	轻	m²	0.6	0.8
5		重		0.8	
6	纵向裂缝	轻	长度×0.2m	0.6	2.0
7		重		1.0	
8	横向裂缝	轻	长度×0.2m	0.6	2.0
9		重		1.0	
10	沉陷	轻	m²	0.6	1.0
11		重		1.0	
12	车辙	轻	长度×0.4m	0.6	—
13		重		1.0	
14	波浪拥包	轻	m²	0.6	1.0
15		重		1.0	
16	坑槽	轻	m²	0.8	1.0
17		重		1.0	
18	松散	轻	m²	0.6	1.0
19		重		1.0	
20	泛油	—	m²	0.2	0.2
21	修补	—	面积或长度×0.2m	0.1	0.1(0.2)

注：1. 人工调查时，应将条状修补的调查长度(m)乘以影响宽度(0.2m)换算成面积。
2. 自动化检测时，块状修补的换算系数 w_i 为0.1，条状修补的换算系数 w_i 为0.2。

水泥混凝土路面损坏类型和权重　　表7-15

类型 i	损坏名称	损坏程度	计量单位	权重 w_i（人工调查）	换算系数 w_i（自动化检测）
1	破碎板	轻	m²	0.8	1.0
2		重		1.0	
3	裂缝	轻	长度×1.0m	0.6	10
4		中		0.8	
5		重		1.0	
6	板角断裂	轻	m²	0.6	1.0
7		中		0.8	
8		重		1.0	
9	错台	轻	长度×1.0m	0.6	10
10		重		1.0	
11	拱起	—	m²	1.0	1.0
12	边角剥落	轻	长度×1.0m	0.6	10
13		中		0.8	
14		重		1.0	

续上表

类型 i	损坏名称	损坏程度	计量单位	权重 w_i（人工调查）	换算系数 w_i（自动化检测）
15	接缝料损坏	轻	长度×1.0m	0.4	6
16		重		0.6	
17	坑洞	—	m²	1.0	1.0
18	唧泥	—	长度×1.0m	1.0	10
19	露骨	—	m²	0.3	0.3
20	修补	—	面积或长度×0.2m	0.1	0.1(0.2)

注:1. 人工调查时,应将条状修补的调查长度(m)乘以影响宽度(0.2m)换算成面积。
  2. 自动化检测时,块状修补的换算系数 w_i 为0.1,条状修补的换算系数 w_i 为0.2。

2. 路面行驶质量指数(RQI)的计算

路面行驶质量指数(RQI)是反映道路舒适性的一个评定指标,是一个关于国际平整度指数 IRI 的评定指标。从路面状况的角度看,影响路面行驶质量的主要因素是路面平整度。不平整的路面使乘客舒适性降低,同时增加行车阻力,加大油耗,同时影响行车安全性,因此是路面使用性能重要的评定指标。其计算公式为

$$RQI = \frac{100}{1 + a_0 e^{a_1 IRI}} \quad (7-6)$$

式中:IRI——国际平整度指数(m/km);
  a_0——高速、一级公路采用0.026,其他等级公路采用0.0185;
  a_1——高速、一级公路采用0.65,其他等级公路采用0.58。

3. 路面车辙深度指数(RDI)的计算

沥青路面车辙是路面结构各层永久变形的积累,其变形对路面平整、使用性能、行车安全和舒适均有重要影响。基于此,新规范专门针对沥青路面的车辙制定了相关的路面车辙深度指数 RDI,其计算公式如下:

$$RDI = \begin{cases} 100 - a_0 RD & (RD \leq RD_a) \\ 90 - a_1(RD - RD_a) & (RD_a < RD \leq RD_b) \\ 0 & (RD > RD_b) \end{cases} \quad (7-7)$$

式中:RD——车辙深度(mm);
  RD_a——车辙深度参数,采用10.0;
  RD_b——车辙深度参数,采用40.0;
  a_0——模型参数,采用1.0;
  a_1——模型参数,采用3.0。

4. 路面跳车指数(PBI)的计算

路面跳车指数按照式(7-8)来计算:

$$PBI = 100 - \sum_{i=1}^{i_0} a_i PB_i \quad (7-8)$$

式中:PB_i——第 i 类程度的路面跳车;路面跳车应根据路面纵断面高差确定,路面纵断面高差按式(7-9)计算;

a_i——第 i 类程度的路面跳车单位扣分,按表7-16取值;
i——路面跳车类型;
i_0——路面跳车类型总数,取3。

路面跳车扣分标准　　　　　　　　　　　　　　　　　表7-16

类别 i	跳 车 类 型	计 量 单 位	单 位 扣 分
1	轻度	处	0
2	中度		25
3	重度		50

$$\Delta h = \max\{h_1, h_2, \cdots, h_i, \cdots, h_{100}\} - \min\{h_1, h_2, \cdots, h_i, \cdots, h_{100}\} \tag{7-9}$$

式中:Δh——路面纵断面高差(cm),路面纵断面高差应为10m路面纵断面最大高程和最小高程之差;
h_i——第 i 点的路面纵断面高程;
i——第 i 个路面纵断面高程数据。路面纵断面高程应为自动化设备检测数据,每0.1m计一个高程,10m路面纵断面共计100个高程数据。

路面跳车按表7-17的规定划分跳车程度。

路面跳车程度划分标准　　　　　　　　　　　　　　　表7-17

检测指标	轻度	中度	重度
路面纵断面高差(Δh)	≥2,5	≥5,8	≥8

路面跳车应按处计算,若10m路面纵断面存在轻度、中度、重度的路面跳车,则该10m路面纵断面应计为1处路面跳车。

5. 路面磨耗指数(PWI)的计算

路面磨耗指数(PWI)按式(7-10)计算:

$$PWI = 100 - a_0 WR^{a_1} \tag{7-10a}$$

$$WR = 100 \times \frac{MPD_C - \min\{MPD_L, MPD_R\}}{MPD_C} \tag{7-10b}$$

式中:WR——路面磨耗率(%);
a_0——模型参数,采用1.696;
a_1——模型参数,采用0.785;
MPD——路面构造深度(mm);
MPD_C——路面构造深度基准值,采用无磨损的车道中线路面构造深度(mm);
MPD_L——左轮迹带的路面构造深度(mm);
MPD_R——右轮迹带的路面构造深度(mm)。

6. 路面抗滑性能指数(SRI)

路面抗滑性能指数(SRI)是反应道路安全性的指标,其计算公式如下:

$$SRI = \frac{100 - SRI_{min}}{1 + a_0 e^{a_1 SFC}} + SRI_{min} \tag{7-11}$$

式中:SFC——横向力系数;
SRI_{min}——标定参数,采用35.0;
a_0——模型参数,采用28.6;

a_1——模型参数,采用 -0.105。

7. 路面结构强度指数(PSSI)的计算

路面结构强度指数(PSSI)按式(7-12)、式(7-13)计算:

$$\text{PSSI} = \frac{100}{1 + a_0 e^{a_1 \text{SSI}}} \tag{7-12}$$

$$\text{SSR} = \frac{l_R}{l_0} \tag{7-13}$$

式中:SSI——路面结构强度系数,为路面设计弯沉与实测代表弯沉之比;

l_R——路面容许弯沉(mm);

l_0——路面实测代表弯沉(mm);

a_0——模型参数,采用 15.71;

a_1——模型参数,采用 -5.19。

五、桥隧构造物病害识别与评定

(一)桥隧构造物损坏

桥隧构造物包括桥梁、隧道和涵洞三类,见表7-18。

1. 桥梁技术等级

桥梁技术等级采用《公路桥涵养护规范》(JTG H11—2004)规定的等级评定方法。规定一、二类桥梁不扣分,三类桥梁每处扣40分,四类桥梁每处扣70分,五类桥梁每处扣100分,同时直接将MQI设为最低值。

2. 隧道技术等级

隧道技术等级采用《公路隧道养护技术规范》(JTG H12—2015)规定的等级评定方法。规定 S 类隧道(无异常)不扣分,B 类隧道(有异常)每处扣50分,A 类隧道(有危险)每处扣100分,同时直接将 MQI 设为最低值。

3. 涵洞技术等级

涵洞技术等级采用《公路桥涵养护规范》(JTG H11—2004)规定的等级评定方法。规定好、较好类涵洞不扣分,较差类涵洞每处扣40分,差类涵洞每处扣70分,危险类涵洞每处扣100分,同时直接将 MQI 设为最低值。

桥隧构造物损坏调查表 表7-18

路线名称:		调查方向:			调查时间:				调查人员:					
项 目	技术状况	单位扣分	计量单位	起点桩号: 路段长度:					终点桩号: 路面宽度:					累计损坏
				1	2	3	4	5	6	7	8	9	10	
桥梁	一、二	0	座											
	三	40												
	四	70												
	五	100												

续上表

路线名称：		调查方向：			调查时间：				调查人员：					
项　目	技术状况	单位扣分	计量单位	起点桩号： 路段长度：					终点桩号： 路面宽度：					累计损坏
				1	2	3	4	5	6	7	8	9	10	
隧道	S:无异常	0	座											
	B:有异常	50												
	A:有危险	100												
涵洞	好、较好	0	道											
	较差	40												
	差	70												
	危险	100												
评定结果： BCI =				计算方法： BCI = min(100 − GD$_{iBCI}$)										

(二)桥隧构造物技术状况评定

桥梁、隧道和涵洞技术状况用桥隧构造物技术状况指数(BCI)评价,按式(7-14)计算：

$$BCI = \min(100 - GD_{iBCI}) \tag{7-14}$$

式中：GD_{iBCI}——第 i 类构造物损坏的总扣分,最高分值为 100,按表 7-19 的规定计算；

i——构造物类型(桥梁、隧道或涵洞)。

桥隧构造物扣分标准　　　　表 7-19

类型 i	项目	技术状况评定等级	计量单位	单位扣分	备　注
1	桥梁	一、二	座	0	采用《公路桥涵养护规范》(JTG H11—2004)的评定方法,五类桥梁所属路段的 MQI = 0
		三		40	
		四		70	
		五		100	
2	隧道	S:无异常	座	0	采用《公路隧道养护技术规范》(JTG H12—2015)的评定方法,危险隧道所属路段的 MQI = 0
		B:有异常		50	
		A:有危险		100	
3	涵洞	好、较好	道	0	采用《公路桥涵养护规范》(JTG H11—2004)的评定方法,五类桥梁所属路段的 MQI = 0
		较差		40	
		差		70	
		危险		100	

六、沿线设施损坏识别与评定

(一)沿线设施损坏

沿线设施损坏分以下 5 类：

1. 防护设施缺损

防护设施损坏表现为防护设施(防撞护栏、防落网、声屏障、中央分隔带活动护栏和防眩板等)缺少、损坏或损坏修复后部件尺寸和安装质量达不到规范的技术要求。损坏按处和长度(m)计算。

轻:长度小于或等于4m,每缺损一处扣10分。

重:长度大于4m,每缺损一处扣30分。

2. 隔离栅损坏

隔离栅损坏表现为隔离栅损坏后修复不及时或修复质量达不到规范的技术要求,损坏按处计算,每缺损一处扣20分。

3. 标志缺损

标志缺损表现为各种交通标志(指示标志、警告标志、禁令标志、里程牌、轮廓标、百米标等)残缺、位置不当或尺寸不规范、颜色不鲜明,可变信息板故障等。损坏按处计算,其中,轮廓标和百米标每3个损坏算1处,累计损坏不足3个按1处计算,每处扣20分。

4. 标线缺损

标线缺损表现为标线(含凸起路标)缺少或损坏,损坏按长度(m)计算。每缺损10m扣1分,累计长度不足10m按10m计算,评定时不考虑车道数量的影响。

5. 绿化管护不善

绿化管护不善表现为树木、花草枯萎或缺树,虫害未及时防治,绿化带未及时修剪或有杂物,路段应绿化而未绿化。损坏按长度(m)计算,每10m扣1分,累计长度不足10m按10m计算。

沿线设施损坏调查见表7-20。

沿线设施损坏调查表 表7-20

路线名称:		调查方向:			调查时间:			调查人员:					
调查内容	程度	单位扣分	权重 w_i	计量单位	起点桩号: 路段长度:				终点桩号: 路面宽度:				累计损坏
					1	2	3	4	5	6	7	8	9	10	
防护设施缺损	轻	10	0.25	处										
	重	30												
隔离栅损坏	—	20	0.10	处										
标志缺损	—	20	0.25	处										
标线缺损	—	0.1	0.20	m										
绿化管理不善	—	0.1	0.20	m										
评定结果: TCI =					计算方法: $TCI = \sum w_i(100 - GD_{iTCI})$									

(二)沿线设施技术状况评定

沿线设施技术状况用沿线设施技术状况指数(TCI)评价,按式(7-15)计算:

$$TCI = \sum_{i=1}^{i_0} w_i (100 - GD_{iTCI}) \qquad (7-15)$$

式中:GD_{iTCI}——第i类设施损坏的总扣分,最高分值为100,按表7-21的规定计算;

w_i——第i类设施损坏的权重,按表7-18取值;

i——设施的损坏类型;

i_0——沿线设施损坏类型总数,取5。

沿线设施扣分标准　　　　　　表7-21

类型i	损 坏 名 称	损坏程度	计量单位	单位扣分	权重(w_i)	备 注
1	防护设施缺损	轻	处	10	0.25	—
		重		30		
2	隔离栅损坏	—	处	20	0.10	—
3	标志缺损	—	处	20	0.25	—
4	标线缺损	—	m	0.1	0.20	每10m扣1分,不足10m以10m计
5	绿化管护不善	—	m	0.1	0.20	

七、公路技术状况的评定

(一)评定要求

公路技术状况评定以1000m路段长度为基本评定单元。在路面类型、交通量、路面宽度和养管单位变化处,评定单元不受此限制,但评定路段长度不应超过2000m。

MQI按照式(7-16)确定。

$$MQI = w_{PQI}PQI + w_{SCI}SCI + w_{BCI}BCI + w_{TCI}TCI \qquad (7-16)$$

式中:w_{PQI}——PQI在MQI中的权重,取值为0.70;

w_{SCI}——SCI在MQI中的权重,取值为0.08;

w_{BCI}——BCI在MQI中的权重,取值为0.12;

w_{TCI}——TCI在MQI中的权重,取值为0.10。

(二)综合评定

1. 路段 MQI

路段MQI按式(7-16)计算。对非整千米的路段,除PQI外,SCI、BCI和TCI三项指标的实际扣分均应换算成整千米值(扣分×基本评定单元长度/实际路段长度)。桥隧构造物评价结果(BCI)计入桥隧构造物所属路段。

存在五类桥梁、危险隧道、危险涵洞的路段,MQI=0。

2. 路线 MQI

路线技术状况评定时,应采用路线所包含的所有路段MQI算术平均值作为该路线的MQI值。并按表7-22汇总。

公路技术状况评定明细表　　　　　　　　　　　　　　　　　　　表 7-22

路段桩号	长度(m)	MQI	路面 PQI	路面分项指标					路基 SCI	桥隧构造物 BCI	沿线设施 TCI
				PCI	RQI	RDI	SRI	PSSI			
...											

附注：表中 PSSI 为抽样评定指标　　　　　　　　　　　　　　　第　页　总　页

3. 等级评定

按表 7-1 的规定确定公路技术状况等级。按表 7-23 格式统计 MQI 及分项指标的优、良、中、次、差的长度及比例。

公路技术状况评定汇总表　　　　　　　　　　　　　　　　　　表 7-23

　　　　　　　　　　　　　　　　　　　　　　　　　　　　　　年　月　日

基本信息						
所属省市						
路线名称(编码)						
技术等级						
路面类型						
评定长度(km)						
管养单位						
主管单位						
平均 MQI			评定等级			
平均 MQI(上行)			评定等级(上行)			
平均 MQI(下行)			评定等级(下行)			
上行评定长度(km)			下行评定长度(km)			
统计信息						
项目	上下行		上行		下行	
	长度(km)	比例(%)	长度(km)	比例(%)	长度(km)	比例(%)
MQI(优、良)						
MQI(中)						
MQI(次、差)						
PQI(优、良)						
PQI(中)						
PQI(次、差)						
SCI(优、良)						
SCI(中)						
SCI(次、差)						
BCI(优、良)						

续上表

项目	统计信息					
	上下行		上行		下行	
	长度(km)	比例(%)	长度(km)	比例(%)	长度(km)	比例(%)
BCI(中)						
BCI(次、差)						
TCI(优、良)						
TCI(中)						
TCI(次、差)						

第 页 总 页

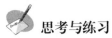

思考与练习

1. 根据已知数据计算该路段使用性能指数(PQI)值,并根据公路技术状况评定标准划分该路段路面使用性能等级。

该调查路段为一级公路,沥青路面,调查长度 1 千米,有效宽度 30m;经路面行驶质量检测,该路段国际平整度指数平均值 IRI = 3.5;经路面抗滑性能检测,横向力系数 SFC = 0.034;车辙深度为 12mm。路面损坏调查结果见表 7-24,PQI 各分项指标权重。

沥青路面损坏调查表　　　表 7-24

路线名称:			调查方向:		调查时间:			调查人员:				
调查内容	程度	权重 w_i	单位	起点桩号: 路段长度:				终点桩号: 路面宽度:				累计损坏
				1	2	3	4	5	6	7	8	9	10	
龟裂	轻	0.6	m²		1	1		1.4						
	中	0.8					1							
	重	1.0												
块状裂缝	轻	0.6	m²		1		1			1				
	重	0.8												
纵向裂缝	轻	0.6	m	5	6		10	5				9		
	重	1.0												
横向裂缝	轻	0.6	m	1		2	9	10	5	5	10	7	8	
	重	1.0												
坑槽	轻	0.8	m²				1	2						
	重	1.0												
松散	轻	0.6	m²											
	重	1.0												
沉陷	轻	0.6	m²											
	重	1.0												

续上表

路线名称：		调查方向：		调查时间：				调查人员：				
调查内容	程度	权重 w_i	单位	起点桩号： 路段长度：				终点桩号： 路面宽度：				累计损坏
				1	2	3	4	5	6	7	8	9	10	
车辙	轻	0.6	m		10			10						
	重	1.0												
波浪拥包	轻	0.6	m²			1					1			
	重	1.0												
泛油	—	0.2	m²					1						
修补	—	0.1	m²	5		10			15	10		10	5	

评定结果：
DR =   %

PCI =

计算方法：
$PCI = 100 - a_0 DR^{a_1}$
$DR = 100 \times \sum(w_i A_i/A)$
$a_0 = 15.00$
$a_1 = 0.412$

2. 你作为××检测公司的一名检测人员，将于 2017 年 3 月 10 日对 S 省道×××K0+000～K6+000 进行公路技术状况调查与评定。其中 K0+000～K2+200 为沥青路面，K2+200～K6+000 为水泥混凝土路面，该路段有效宽度为 7.5m。该省道为二级公路。请你：

(1) 确定检测与调查的内容及频率。

(2) 划分调查单元。

(3) 确定检测与调查方法。

3. ××检测公司的一名检测人员，于 2017 年 3 月 10 日对 S 省道×××K0+000～K6+000 进行公路技术状况调查与评定。请指出图 7-6 中沥青路面病害的类型。

4. 你是 S 省道××公路管理段的养护管理人员，2017 年 3 月 10 日对省道×××K0+000～K0+1000 上行方向进行了路面损坏调查，该路段为二级公路，沥青路面，有效路面宽度为 7.5m，用 3m 直尺测得的平整度为 12mm。采集到的路面损坏数据见表 7-25。

沥青路面损坏调查表 表 7-25

路线名称：		调查方向：		调查时间：				调查人员：				
调查内容	程度	权重 w_i	单位	起点桩号： 路段长度：				终点桩号： 路面宽度：				累计损坏
				1	2	3	4	5	6	7	8	9	10	
龟裂	轻	0.6	m²	3					2					
	中	0.8						4						
	重	1.0			1									
块状裂缝	轻	0.6	m²			3	8							
	重	0.8					1				5		3	
纵向裂缝	轻	0.6	m	2			4							
	重	1.0		4	2									

续上表

路线名称：		调查方向：		调查时间：				调查人员：				
调查内容	程度	权重 w_i	单位	起点桩号： 路段长度：					终点桩号： 路面宽度：			累计损坏
				1	2	3	4	5	6	7	8	9	10	
横向裂缝	轻	0.6	m						1	3				
	重	1.0												
坑槽	轻	0.8	m²									1	3	
	重	1.0				3								
松散	轻	0.6	m²						2		4			
	重	1.0		3	5		1							
沉陷	轻	0.6	m²	1		7								
	重	1.0								2	2			
车辙	轻	0.6	m						7	5	4			
	重	1.0		2	4	2								
波浪拥包	轻	0.6	m²		1	3								
	重	1.0										2	4	
泛油	—	0.2	m²					10	15	8				
修补	—	0.1	m²	5	8	4								
评定结果： DR = % PCI =				计算方法： PCI = $100 - a_0 DR^{a_1}$ DR = $100 \times \sum (w_i A_i / A)$ $a_0 = 15.00$ $a_1 = 0.412$										

请完成该路段的路面损坏状况、路面行驶质量及路面使用性能评定。

5. S省道××公路管理段的养护管理人员,2017年3月10日对省道××K0+000～K0+1000上行方向进行了路况调查,该路段为二级公路,沥青路面,有效路面宽度为7.5m。采集到的路基损坏数据见表7-26,请完成该表,并对该路段的路基技术状况进行评定。

路基损坏调查表　　　　　　　　　　　表7-26

路线名称：			调查方向：		调查时间：				调查人员：				
调查内容	程度	单位扣分	权重 w_i	计量单位	起点桩号： 路段长度：					终点桩号： 路面宽度：			累计损坏
					1	2	3	4	5	6	7	8	9	10	
路肩边沟不洁	—	0.5	0.05	m		4		4		6		6		10	
路肩损坏	轻	1	0.10	m²	2		4		4	2		10	10		
	重	2					5		5		10	10			
边坡坍塌	轻	20	0.25	处			1								
	中	30													
	重	50								1					

续上表

路线名称：	调查方向：				调查时间：				调查人员：					
调查内容	程度	单位扣分	权重 w_i	计量单位	起点桩号： 路段长度：				终点桩号： 路面宽度：					累计损坏
					1	2	3	4	5	6	7	8	9	10
水毁冲沟	轻	20	0.25	处					1				1	
	中	30				1								
	重	50												
路基构造物损坏	轻	20	0.10	处	1									
	中	30					1							
	重	50												
路缘石缺损	—	4	0.05	m									20	
路基沉降	轻	20	0.10	处									1	
	中	30			1									
	重	50												
排水系统不畅	轻	1	0.10	m	10								10	
	重	20		处							1			
评定结果： SCI =					计算方法： SCI = $\sum w_i (100 - \text{GD}_{i\text{SCI}})$									

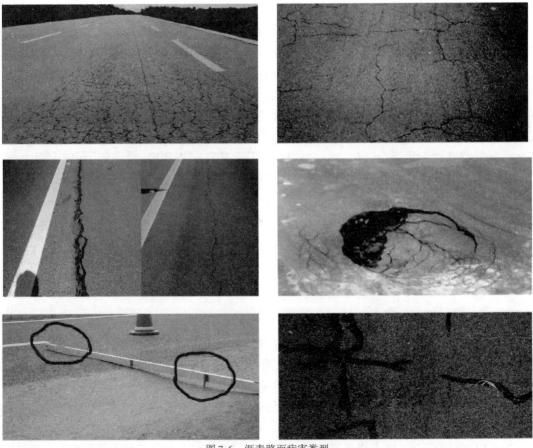

图 7-6 沥青路面病害类型

125

第八章　桥梁技术状况评定

(1)掌握桥梁经常检查的内容与要求。
(2)掌握桥梁定期检查的内容与要求。
(3)了解桥梁特殊检查的类型与内容。
(4)掌握依据外观检查对桥梁进行评定的方法。
(5)了解其他桥梁评定方法。

一、公路桥梁的检查

桥梁检查是桥梁养护的基础工作。公路桥涵的检查可分为三类:经常检查、定期检查和特殊检查。

这里所指的检查主要是指以目测观察为主的外观检查。

桥梁检查是保证桥梁正常工作的基本环节,是防止垮桥事故的第一道防线,检查不及时或不充分就有可能使桥梁病害得不到发现而潜藏着隐患;病害发现得越早,维修工作量就越小;发现得越晚,维修工作就会越大。

桥梁的经常检查,也称为日常检查,主要指对桥面设施、上部结构、下部结构和附属构造物的技术状况进行日常巡视检查,及时发现缺损,并进行小修保养工作。

桥梁的定期检查是指为评定桥梁的使用功能,制定管理养护计划提供基础数据,按规定周期,对桥梁主体结构及其附属构造物的技术状况进行定期跟踪的全面检查。主要检查各部件的功能是否完善有效,构造是否合理耐用,发现需要大、中修、改善或限制交通的桥梁缺损状况;同时检查小修保养状况。定期检查还为桥梁养护管理系统提供动态数据。

桥梁的特殊检查是指查清桥梁结构的病害原因、构件破损程度、承载能力、抗灾能力,确定桥梁技术状况的工作。特殊检查分为应急检查和专门检验。

应急检查是指当桥梁遭受洪水、流冰、漂流物、船舶撞击、滑坡、地震、风灾和超重车辆自行通过等自然灾害或事故后,应立即对结构做详细检查。查明破损状况,采取应急措施,尽快恢复交通。

专门检查是指对需要进一步判明损坏原因、缺损程度或使用能力的桥梁,要求针对病害进行专门的现场试验检测、检算与分析等鉴定工作,以便进行有效的养护。

(一)经常检查

经常性检查又叫日常检查或例行检查,以直接目测为主,配合简单工具量测。由县级公路管理机构专职桥梁养护工程师(或技术员)负责,旨在确保结构功能正常,使结构能得到及时的养护和保养或紧急处理,对需要检修和一些重大问题做出报告。

经常检查每月至少进行一次(在诸如大风雨、暴雨和洪水等特殊自然现象发生之后,对暴露性建筑物还应进行更大规模的经常检查)。

检查时,路段检查人员或桥工班或护桥人员进行扫视性检查,需当场填写"桥梁经常检查记录表"（表8-1）。

桥梁经常检查记录表　　　　　　　　表8-1

县级公路管理机构名称					
路线编码		路线名称		桥位桩号	
桥梁编码		桥梁名称		养护单位	
部件名称	缺损类型	缺损范围		养护意见	
桥面铺装					
桥头跳车					
伸缩缝					
泄水孔					
桥面清洁					
人行道、缘石					
栏杆、护栏					
照明、灯柱					
翼墙					
锥坡					
桥头排水沟					
桥头人行台阶					
其他					
负责人		记录人		检查日期	

经常检查中应特别注意以下问题：

（1）桥面铺装是否平整，有无裂缝，局部坑槽、积水、沉陷、波浪、碎边，混凝土桥是否有剥离、渗漏，钢筋是否锈蚀，桥头有无跳车。

（2）排水设施是否良好，桥面泄水管是否堵塞和破损。

（3）桥面是否清洁，有无杂物堆积，杂草蔓生。

（4）伸缩缝是否堵塞卡死，连接部件有无松动、脱落、局部破损，支座是否完好。

（5）人行道、缘石、栏杆、扶手和引道护栏（柱）有无撞坏、断裂、松动、错位、缺件、剥落、锈蚀等。

（6）河床是否受到冲刷而下切以至低于设计高程。

（7）墩台的基础是否受到冲刷变形、下沉。

（8）墩台是否受到船只或漂浮物撞击而受损。

（9）翼墙（侧墙、耳墙）有无开裂、风化剥落和异常变形。

（10）锥坡、护坡有无局部塌陷，铺砌面是否塌陷、缺损，有无垃圾成堆、灌木杂草丛生。桥头排水沟和行人台阶是否完好。

（11）交通信号、标志、标线、照明设施是否完好。

（12）当在定期检查中发现桥梁重要（部）构件存在明显缺陷，达到三～五类技术状况的病害时，应向地（市）级公路管理机构专职桥梁养护工程师及时汇报。

(二)定期检查

(1)定期检查的目的:通过对结构物进行彻底的、视觉的和系统的检查,建立结构管理和养护档案,是桥梁养护管理系统中,采集结构技术状况动态数据的工作。通过定期检查可以对结构的损坏做出评估,评定结构构件和整体结构的技术状况,从而可以确定特别检查的需求与结构维修、加固或更换的优先排序。

(2)定期检查由地(市)级公路管理机构的专职桥梁养护工程师负责,制定桥梁年度定期检查计划,组织实施辖区内桥梁定期检查工作。县级公路管理机构的桥梁养护技术人员协同实施。负责的检查工程师应根据管辖区内登记的桥梁基本数据表(桥梁卡片),制订出年度桥梁检查实施计划。

(3)定期检查人员必须事先准备和携带下列文件:桥梁检查清单(表8-2)、桥梁基本数据表。新建桥梁应根据技术档案事前登记好基本数据表,最近经过专门检验或维修(大、中修)、加固改善的桥梁,其内容必须事先登记在基本数据表内。桥梁定期检查记录表包括本次用的和上次(最近的)记录的检查数据表。本次用的表应事先将表头的基本数据填好。

桥 梁 检 查 清 单　　　　表8-2

桥梁名称	路线编号	桥梁编号	桥梁里程	下穿通道名称	养护单位编号	上次□		本次□	
						定期检查日期	状况评定	补充检验日期	维修日期

(4)定期检查以目视观察为主,必要时辅以测量仪器(表8-3)。市级检查组应配备专用小型检查车(车顶装载伸缩人梯)。

桥梁定期检查用设备和器材　　　　表8-3

安全、保护用品	检 测 仪 具	工具、器材	附 加 设 备
警告标志 警告信号灯 反光背心 安全帽 安全带 工作服 防滑鞋 雨靴 水裤 救生衣 救生索 防护眼镜 其他劳保用品	照相机 长焦镜头 广角镜头 闪光灯 望远镜 刻度放大镜 地质罗盘 100m钢卷尺 2~3m钢卷尺 1~2m木折尺 30~50m水尺 垂球测绳 测量花杆 水准仪及塔尺 不平尺 量角器(大号) 测量记录本 记录文件夹	电筒(强光) 扁刮刀 地质锤 地铲 铁锹 钢丝刷 油漆刷 特种铅笔 喷雾筒漆 彩色粉笔 器具箱 工具袋 文件包 其他文具	软梯 伸缩梯 充气皮艇 工作船 拼装式悬挂作业架 桥梁专用检查作业架 专用检查作业车

(5)定期检查必须接近或进入各部件仔细检查其功能及材料的缺损状况,并在现场完成下列工作:

①现场校核桥梁基本数据。
②当场填写桥梁定期检查数据表(表8-4、表8-5),记录各部件缺损状况。
③根据调查做出技术状况评分。
④实地判断缺损原因,估定维修范围及方式。
⑤对难以判断损坏原因和程度的部件,提出特殊检查(专门检验)的要求。
⑥对损坏严重、危及安全运行的危险桥梁,提出暂时限制交通的建议。
⑦根据桥梁的技术状况,确定下次检查时间。
(6)定期检查的时间按桥梁的不同情况规定如下:
①新建桥梁竣工接养一年后必须进行定期检查。
②一般桥梁检查周期不得超过3年。
③非永久性桥梁每年检查一次。
④桥梁技术状况在三类以上的,必须安排定期检查。
⑤定期检查一般安排在有利于检查的气候条件下进行。
(7)定期检查工作流程
桥梁定期检查一般工作流程,如图8-1所示。

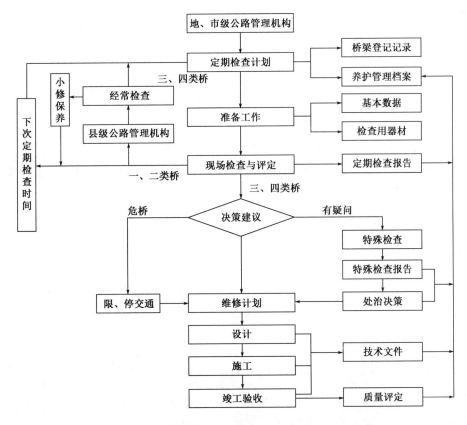

图8-1　公路桥梁定期检查工作流程图

(8)定期检查的顺序与缺损位置描述规则
①定期检查顺序规定如下:
按路线里程增长方向和从右至左的顺序检查(注意防止漏检),如图8-2所示。

从下往上顺序检查:首先检查下部结构和基础冲刷,同时检查上部结构的底面和侧面,然后顺序检查支座、箱梁内部,最后检查桥面系统。

桥梁主体结构检查完成后,检查调治构造物的状况。

在检查结构缺损状况过程中,同时校对桥梁结构的基本数据是否与实际相符。

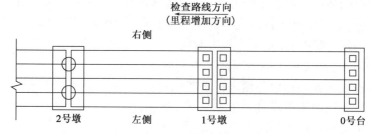

图 8-2 旧桥定期检查顺序示意简图

②缺损位置描述规则如下:

先描述发生缺损构件所在的桥跨号和墩台号,如图 8-3 所示。然后再在同一墩台或桥跨中按里程增长方向从右至左对相同类型构件顺序编号,起始号一般定为 1。

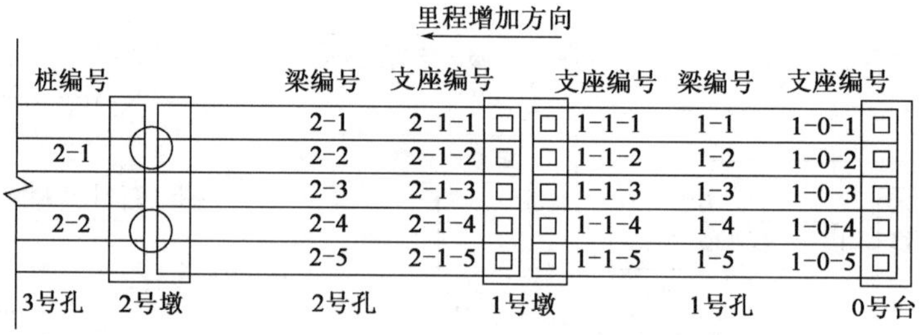

图 8-3 旧桥定期检查构件编号示意简图

给定构件的缺损位置,可以用右侧面(R)、左侧面(L)、高桩号侧面(HX)、低桩号侧面(S)、上面(UP)、底面(UD)等来描述损坏出现在构件哪一个面上。

对于构件任一面上的损坏位置,可以用"跨中""支点处""中部""端部""顶部""底部"等来详细描述。

(9)定期检查的要点

桥跨结构应首先观察是否有异常变形、声音、振动、摆动。如上部结构竖向曲线是否平顺,拱轴线变位状况,桥跨有无异常的竖向振动或横向摆动等;其次检查各部件的技术状况,并查找异常原因。

支座主要应检查其位移是否正常、功能是否完好,组件是否完好、清洁,有无断裂、错位和脱空现象;其固定端是否松动、剪断、开裂。

对于各种类型支座的检查,应注意的问题分别如下:

①简易支座的油毡是否老化、破裂或失效。

②钢板滑动支座和弧形支座是否干涩、锈蚀。

③摆柱支座各组件相对位置是否准确,受力是否均匀。

④四氟板支座是否脏污、老化。

⑤橡胶支座是否老化、变形。

⑥盆式橡胶支座的固定螺栓有否剪断,螺母是否松动。

⑦辊轴支座的辊轴是否出现不允许的爬动、歪斜。
⑧摇轴支座的辊轴是否倾斜。
⑨活动支座是否灵活,实际位移量是否正常。
⑩支座垫石是否破碎。

墩台与基础的检查应包括下列内容:
①桥墩、墩台及基础有否滑动、倾斜、下沉、冻拔或冲撞损坏。
②混凝土墩台及台帽有无冻胀、风化、腐蚀、开裂、剥落、空洞、露筋、变形等。
③台背填土有无沉降、裂缝、挤压、受冲刷等情况。
④空心墩的水下通水洞是否堵塞。
⑤石砌墩台有无砌块断裂、通缝脱开、变形、砌体泄水孔是否堵塞,防水层是否损坏。
⑥墩台顶面是否清洁,有无泥土杂物堆积,滋生草木,伸缩缝处是否漏水。
⑦基础下是否发生不许可的冲刷或淘空现象。
⑧扩大基础的地基有无侵蚀。
⑨桩基顶段在水位涨落、干湿交替变化处有无冲刷磨损、颈缩、露筋,有无环状冻裂,有无受到污水、咸水或生物的腐蚀。

钢筋混凝土和预应力混凝土桥跨结构的检查,包括下列内容:
①混凝土有无裂缝、渗水、表面风化、剥落、露筋和钢筋锈蚀,有无活性骨料硅碱反应引起的整体龟裂现象。
②预应力钢束锚固区段混凝土有无开裂,沿预应力筋的混凝土表面有无纵向裂缝。
③梁(板)式结构主要检查梁(板)跨中、支点、变截面处、悬臂端牛腿或中间铰部位;钢构和桁架结构主要检查钢构固结处和桁架节点部位的混凝土开裂和钢筋锈蚀等缺损状况。
④装配式梁桥应注意联结部位的缺损状况。如:组合梁的桥面板与梁的结合部位,及桥面板之间的接头处混凝土有无开裂、渗水;梁(板)接缝混凝土有无开裂和钢筋;横向联结构件是否开裂,连接钢板的焊缝有无锈蚀、断裂,边梁有否横移或向外倾斜。

拱桥应主要检查主拱圈的拱脚、$L/4(3/4)L$拱顶处和横向联系、拱上结构的变形,及混凝土开裂与钢筋锈蚀等缺损状况。拱上立柱(或立墙)上下端、盖梁和横系梁的混凝土有无开裂、剥落、露筋和锈蚀。中下承式拱桥的吊杆上下锚固区的混凝土有无开裂、渗水,吊杆锚头附近是否有锈蚀现象。劲性骨架拱桥还要检查是否沿骨架出现纵向或横向裂缝。

双曲拱桥的定期检查应特别注意:
①拱脚有无压裂;拱肋$L/4(3/4)L$处、顶部是否开裂、破损、露筋锈蚀。
②拱肋间横向联结拉杆是否松动、开裂、破损。
③拱波与拱肋结合处是否开裂、脱裂。
④拱波之间砂浆是否松散脱落,拱波顶是否开裂、渗水等。

圬工拱桥的定期检查应特别注意:
①主拱圈是否开裂、渗水、砂浆松动、脱落变形;砌块有无断裂、脱落;拱脚是否开裂;腹拱是否变形;拱铰功能是否正常。
②实腹拱的侧墙与主拱圈间有无脱落,侧墙有无变形,拱上填土有无沉陷或开裂。
③空腹拱的小拱有否变形、错位,立墙或立柱有无倾斜、开裂。
④砌体表面有无苔藓,砌缝有无滋生草木。

钢桥的检查,应包括下列内容:
①构件(特别是受压构件)是否扭曲变形、局部损伤。
②铆钉和螺栓有无松动、脱落或断裂,节点是否滑动错裂。
③焊缝及其边缘(热影响区)有无裂纹或脱开。
④油漆层有无裂纹、起皮、脱落,构件是否腐蚀生锈。

悬索桥和斜拉桥的检查,应包括下列内容:
①主梁按相应的预应力混凝土或钢结构的要求进行检查。
②索塔有无异常的沉降、倾斜,柱身、横系梁和锚固区有无开裂、渗水和锈蚀。
③吊桥锚锭及锚杆有无异常的拔动滑移,锚锭混凝土有无开裂、渗水,锚(洞)室内的锚杆、主索锚固段和散索鞍等部件是否锈蚀、断裂。
④吊杆、拉索的两端锚固部位,包括索端及锚头、主梁锚固构造有否浸水、锈蚀和开裂,吊杆上端与主缆联结的索夹(箍)紧固螺栓有无松弛和锈死。
⑤主缆、吊杆束和拉索的防护层是否破损、老化和漏水。
⑥斜拉桥索颤振是否明显、减振措施是否失效。
⑦吊桥的索鞍是否工作正常,有无锈蚀、辊轴歪斜、卡死等现象。主缆索有无明显挤偏现象。
⑧应特别注意钢管混凝土拱桥的定期检查。
⑨检查混凝土是否填充密实(通常可用敲击法检查)。

翼墙、侧墙、耳墙应检查其是否有开裂、倾斜、滑移、沉陷等降低或丧失挡土能力的状况。锥坡、护坡应检查其是否有冲刷、滑坍、沉陷等现象,造成坡顶高度显著下降。土质锥护护坡表面覆盖草皮是否损坏,有无沟槽和坍塌现象。铺砌面是否开裂,有无勾缝砂浆脱落、隆起或下陷、灌木杂草丛生和下滑,坡脚是否损坏。埋置式桥台台前溜坡基础埋置深度是否足够,有无冲刷损坏。

桥面系构造的检查,应包括下列内容:
①桥面铺装层:是否有坑槽、开裂、车辙、松散、不平、桥头跳车等现象;有无严重的裂缝(龟裂、纵横裂缝);纵横坡是否顺适;防水层是否漏水。
②伸缩缝:是否破损、结构脱落、淤塞、填料凹凸,有无跳车、漏水等。
③人行道、栏杆:人行道有无开裂、断裂、缺损;栏杆是否松动、撞坏、锈蚀、变形。
④排水设施(防水层):桥面横坡、纵坡是否顺适,有无积水;泄水管有无损坏、堵塞、泄水能力情况;防水层是否工作正常,有无渗水现象等。
⑤桥上交通信号、标志、标线、照明设施是否腐蚀、老化需要更换,是否适用。
⑥河床及调治构造物:河床是否变迁,有无漂浮物堵塞河道,调治构造物是否发挥正常作用,有无损坏、水毁等。

(10)定期检查的记录
桥梁定期检查的记录见表8-4、表8-5。

桥梁定期检查记录总表 表8-4

1.路线编码		2.路线名称		3.桥位桩号	
4.桥梁编码		5.桥梁名称		6.下穿通道名	
7.桥长(m)		8.主跨结构		9.最大跨径(m)	
10.管养单位		11.建成年月		12.上次大中修日期	
13.上次检查日期		14.本次检查日期		15.气候状况	

续上表

16.部件号	17.部件名称	18.评分(0~5)	19.特殊检查	20.维修范围	21.维修方式	22.维修时间	23.费用(元)
1	翼墙						
2	锥坡						
3	桥台及基础						
4	桥墩及基础						
5	地基冲刷						
6	支座						
7	上部承重构件						
8	桥面铺装						
9	伸缩缝						
10	人行道						
11	栏杆、护栏						
12	照明、标志						
13	排水设施						
14	调治构造物						
15	其他						
24.总体状况评定等级		25.全桥清洁状况评分			26.保养、小修状况评分		
27.经常性养护建议							
28.记录人		29.负责人			30.下次检查时间		
31.缺损说明							

桥梁定期检查记录评分表　　　　表8-5

部件号	部件名称	缺损位置	缺损状况				照片或简图(编号/年)
			类型	性质	范围	程度	
1	翼墙、耳墙						
2	锥坡、护坡						
3	桥台及基础						
4	桥墩及基础						
5	地基冲刷						
6	支座						
7	上部承重构件						
8	桥面铺装						
9	伸缩缝						
10	人行道						
11	栏杆、护栏						
12	照明、标志						

续上表

部件号	部件名称	缺损位置	缺损状况				照片或简图（编号/年）
			类型	性质	范围	程度	
13	排水设施						
14	调治构造物						
15	其他						

注：1. 定期检查中发现的各种缺损均应用油漆将其范围及日期标记清楚。
  2. 发现属于三、四类桥的严重缺损和难以判明缺损原因及程度的病害，应照相记录，并附病害状态说明。
  3. 缺损状态的描述，应采用专业标准术语。
  4. 应附以简图和照片来阐明结构或构件典型的缺损状态。

（11）定期检查提交内容

桥梁定期检查后应提交下列文件：

①桥梁定期检查数据表。每天检查的桥梁现场记录，应在次日内整理成每座桥梁定期检查数据表。

②典型缺损和病害的照片及说明。说明应对缺损的部位、类型、性质、范围、数量和程度等加以阐述。

③两张总体照片。一张桥面正面照片，在低桩号侧引道中心拍摄；另一张为桥梁立面照片，在桥梁右侧拍摄。

④桥梁清单。

⑤桥梁基本数据表。定期检查完成后，应将本次检查的桥梁各部件技术状况评定结果登记在桥梁基本数据表内。

（12）定期检查报告

桥梁定期检查后应提交报告，定期检查报告通常包括以下内容：

①本次定期检查涉及的所有桥梁的小修保养情况。

②需要大中修或改善的桥梁计划（说明大中修或改善的项目，拟用修建或改善方案、估计费用和实施时间等）。

③要求特殊检查的桥梁报告，说明需要检验的项目及理由。

④需限制交通或中断交通的桥梁建议报告。

⑤桥梁定期检查报告，由地（市）级公路管理机构主管领导审定后，报省级公路管理机构；同时通知有关县级公路管理机构，对一、二类的桥梁进行针对性、预防性的小修保养工作。

二、结果的评定

对桥梁定期检查结果，一般从缺损状态、结构与构件的技术状况和改进工作这三个方面，由有经验的桥梁检查工程师，依据桥梁定期检查资料，凭借自己丰富的知识经验，通过对桥梁各部件技术状况的综合评定，确定桥梁的技术等级，提出各类桥梁的改进工作措施。其为一种数量级评价，属于桥梁一般评价的范畴。在结构各部件技术状况的评定中，主要考虑缺损状况的评定结果，同时也兼顾结构各部件的功能、价值及美观要求。改进工作的评定主要决定改进时间和改进方法，一般是通过对改进工作的技术和经济分析来实现这一评定。全桥总体技术状况等级评定，主要采用考虑桥梁各部件权重的综合评定方法。

(一)公路桥梁外观调查评定

公路桥梁外观调查评定,由有经验的桥梁检查工程师负责,依据桥梁调查资料(以定期检查结果为主),从缺损状况、技术状况、养护对策等方面,对桥梁质量做出综合评定。

1. 桥梁部件缺损状况评定(累加评分)

根据缺损程度(大小、多少、轻重)、缺损对结构使用功能的影响程度(无、小、大)和缺损发展变化状况(趋向稳定、发展缓慢、发展较快)等三个方面,以累加评分方法对各部件缺损状况做出等级评定,详见表8-6。

桥梁部件缺损状况评定方法 表8-6

缺损状况及标度			组合评定标度
缺损程度及标度	程度		小→大 少→多 轻度→严重
	标度		0 1 2
缺损对结构使用功能的影响程度	无、不重要 小、次要 大、重要	0 1 2	0 1 2 1 2 3 2 3 4
以上两项评定组合标度			0 1 2 3 4
缺损发展变化状况的修正	趋向稳定 发展缓慢 发展较快	-1 0 +1	0 1 2 3 0 1 2 3 4 1 2 3 4 5
最终评定结果			0 1 2 3 4 5
桥梁技术状况及分类			完好 较好 较差 坏 危险 一类 二类 三类 四类 五类

注:"0"表示完好状态,或表示没有设置的构造部件,如调治构造物。
"5"表示危险状态,或表示原无设置,而调查表明需要补设的结构部件。

对重要部件(墩台、基础、上部承重构件、支座等),以其中缺损最严重的构件评分;其他部件根据多数构件缺损状况评分。

2. 桥梁部件权重及综合评定

采用考虑桥梁各部件权重的综合评定方法,或以重要部件最差的缺损状况评定,对全桥技术状况等级作出评定。推荐的桥梁各部件权重及算式见表8-7。

推荐的桥梁各部位权重及综合评定方法 表8-7

部件	部件名称	权重 w_i	桥梁技术状况评定办法
1	翼墙、耳墙	1	综合评定采用下列计算式: $D_r = 100 - \sum_{i=1}^{Y} R_i W_i / 5$
2	锥坡、护坡	1	
3	桥台及基础	23	
4	桥墩及基础	24	

续上表

部件	部件名称	权重 w_i	桥梁技术状况评定办法
5	地基冲刷	8	
6	支座	3	式中：R_i——依据桥梁部件缺损状况评定方法所得各部件的评定标度$(0\sim5)$；
7	上部主要承重构件	20	W_i——各部件权重，$\sum w_i = 100$；
8	上部一般承重构件	5	D_r——全桥结构技术状况评分$(0\sim100)$。
9	桥面铺装	1	评分高表示结构状况好，缺损少。
10	桥头与路堤连接部	3	评定分类采用下列界限
11	伸缩缝		$D_r \geq 88$ 一类
12	人行道	1	$88 > D_r \geq 60$ 二类
13	栏杆、护栏	1	$60 > D_r \geq 40$ 三类
14	灯具、标志	1	$40 > D_r$ 四类、五类
15	排水设施	1	注：$D_r \geq 60$ 的桥梁，并不排除其中有评定；标度 $R_i \geq 3$ 的部件，仍有维修的需求
16	调治构造物	3	
17	其他	1	

3. 全桥技术状况综合评定

全桥技术状况评定等级可分为一类、二类、三类、四类和五类，根据桥梁技术状况分类，确定相应的养护措施：一类桥梁进行正常保养；二类桥梁需进行小修；三类桥梁需进行中修，酌情进行交通管制；四类桥梁需进行大修或改造，及时进行交通管制，如限载、限速通过，当缺损较严重时应关闭交通；五类桥梁需要进行改建或重建，及时关闭交通。

（二）规范对公路桥梁技术状况评定的相关规定

1. 桥梁技术状况评定

桥梁定期检查的目的是根据规范、标准的方法来取得对现有桥梁状况的把握，并对桥梁状况发展的趋势作出预测，以尽可能地反映桥梁在当前的状况。

桥梁技术状况反映了桥梁现状等级。桥梁技术状况评定的主要任务是通过桥梁存在的缺损状况，通过缺损状况研究桥梁退化的原因，确定维护维修方案，以使结构（或构件）维持在安全的状况。桥梁结构状况评定的另一任务是根据技术状况评定结果得到正确的维修措施，根据桥梁状况评定结果确定哪些桥梁破坏最严重和最迫切需要维修；将有限的资源作最优的分配，使桥梁最大限度地发挥它的效用。

公路桥梁评定是对桥梁的使用功能（宏观）、使用价值（微观）、承载能力（微观）进行的综合评价。通过旧桥评定，可鉴定其是否仍具有原设计的工作性能及承载能力，进而为桥梁的维修、改造、加固提供决策性的意见。

公路桥梁评定是一个综合评价的问题，涉及评定方法与评定标准（依据相关标准、规范、试验结果及专家经验等所制定的分类等级）。桥梁状况评定，涉及许多相关因素：一条线路包括许多桥梁；一座桥梁包括上部、下部和基础，每部分又包含许多基本构件；一个基本构件，因设计、施工、使用中的多种原因可能存在一种或多种缺损；可见，公路旧桥评定是十分复杂的。

2. 桥梁评定的分类

桥梁评定分为一般评定和适应性评定。

一般评定是依据桥梁定期检查资料,通过对桥梁各部件、桥面系、上部结构、下部结构以及全桥进行技术状况的综合评定,确定桥梁的技术状况等级,提出各类桥梁的养护措施。一般评定由负责定期检查者进行。

适应性评定是依据桥梁定期及特殊检查资料,结合试验与结构受力分析,评定桥梁的实际承载能力、通行能力、抗洪能力。适应性评定应委托有相应资质及能力单位进行。

3.《公路桥梁技术状况评定标准》(JTG/T H21—2011)(以下简称《标准》)评定方法

(1)评定的内容包括部件、桥面系、上部结构、下部结构和全桥评定。公路桥梁技术状况评定应采用分层综合评定与五类桥梁单项控制指标相结合的方法。

(2)五类桥单项控制指标具有最高优先级别,若桥梁满足五类桥单项控制指标中的任意一项,那么全桥直接评定为五类危桥。若不满足五类桥单项控制指标则采用分层综合评定法进行评定,在分层评定过程中应考虑特殊情况处理及最差部件评定法。

评定顺序:首先需要依据《标准》中各章节中各检测指标的技术状况评定表对指标进行评定,确定各构件指标的类别(1~5类)。对《标准》中各构件检测指标的评定,是整个技术状况评定工作的关键和基础。然后依次计算构件、部件、上部结构(下部结构、桥面系)的技术状况,最后根据上部结构、下部结构、桥面系的技术状况计算全桥技术状况。

(3)当单个桥梁存在不同结构形式时,可根据结构形式的分布情况划分评定单元,分别对各评定单元进行桥梁技术状况的等级评定。

由于实际中桥梁可能由两种或者多种不同结构形式组成,当单个桥梁存在既有梁桥又有拱桥或其他桥型,或者主桥和引桥结构形式不同等情况时,可根据结构形式的分布情况采用划分评定单元的方式,各单元中不存在的部件权重可以根据其隶属关系划分给其他部件,逐一对各评定单元进行桥梁技术状况的等级评定,然后以技术状况等级评定结果最差的一个评定单元作为全桥的评定结果。

(4)不同的桥梁构件对桥梁技术状况影响程度不同,将桥梁结构分成两大部分,分别为主要部件和次要部件。主要部件中的构件分数在[0,40)区间时,部件的分数取最差构件的得分值。当主要部件评分达到4类或5类且影响桥梁安全时,可按照桥梁主要部件最差的缺损状况评定。主要部件的判断影响到桥梁的技术状况评定工作,对是否能对桥梁正确评定起着重要作用,因此《标准》中的表3.3.2所列各结构类型桥梁的主要部件需要牢记于心。

(5)《标准》中的表3.2.3~表3.2.5分别对桥梁总体、主要部件、次要部件的等级及标度进行了描述,桥梁总体技术状况评定等级和主要部件技术状况评定等级分为5个等级,次要部件技术状况评定等级分为4个等级。这3个表是对我们根据桥梁缺损状况对桥梁进行评定,评定出来的结果对应的一个定性描述,切记不是根据这3个表格进行桥梁技术状况评定。

4.桥梁技术状况评定模型

(1)检测指标扣分值。检测指标扣分值见表8-8。

构件各检测指标扣分值 表8-8

检测指标所能达到的最高等级类别	指标类别				
	1类	2类	3类	4类	5类
3类	0	20	35	—	—
4类	0	25	40	50	—
5类	0	35	45	60	100

表 8-8 中第一列表示指标所能达到的最高标度类别,由于发生在不同构件,各病害对桥梁影响程度不同,每种病害的最严重等级也不同。病害最严重等级分为 3 级、4 级、5 级(例如:蜂窝麻面最严重等级为 3 级,主梁的裂缝最严重等级为 5 级)。

指标标度指病害实际评定的等级,病害实际评定的指标等级应根据构件中病害的数量、尺寸、范围,查看《标准》的第五章至第十章中对应的定性定量描述,来确定病害实际的评定标度,当定性定量描述出现矛盾时,例如某病害按定性描述评定为 2 类指标,按定量描述评定为 3 类指标,那么检测工程师可根据实际情况判断该病害指标属于几类。

通过表 8-8,将不同病害进行分级扣分,某些病害达到最严重,也仅能评为 3 级,此病害扣 35 分;某些病害达到最严重,评为 4 级,此病害扣 50 分;某些病害达到最严重,评为 5 级,此病害扣 100 分,按照这种扣分方法能体现出不同病害对桥梁影响程度的不同。

(2)构件技术状况评分

$$\text{PMCI}_i(\text{BMCI}_i \text{ 或 DMCI}_i) = 100 - \sum_{x=1}^{k} U_x \tag{8-1}$$

当 $x = 1$ 时

$$U_1 = DP_{i1}$$

当 $x \geq 2$ 时

$$U_x = \frac{DP_{ij}}{100 \times \sqrt{x}} \times (100 - \sum_{y=1}^{x-1} U_y) \tag{8-2}$$

(其中 $j = x, x$ 取 $2,3,4,\cdots,k$)

当 $k \geq 2$ 时,$U_1,\cdots,U_x$ 计算公式中的扣分值 DP_{ij} 按照从大到小的顺序排列。

当 $DP_{ij} = 100$ 时

$$\text{PMCI}_i(\text{BMCI}_i \text{ 或 DMCI}_i) = 0$$

式中:PMCI_i——上部结构第 i 类部件的 l 构件的得分,值域为 0~100 分;

BMCI_i——下部结构第 i 类部件的 l 构件的得分,值域为 0~100 分;

DMCI_i——桥面系第 i 类部件的 l 构件的得分,值域为 0~100 分;

k——第 i 类部件的 l 构件出现扣分的指标的种类数;

$U、x、y$——引入的变量;

i——部件类别,例如 i 表示上部承重构件、支座、桥墩等;

j——第 i 类部件 l 构件的第 j 类检测指标;

DP_{ij}——第 i 类部件 l 构件的第 j 类检测指标的扣分值;根据构件各种检测指标扣分值进行计算,扣分值按表 8-8 规定取值。

构件技术状况评分方法特点:

(1)构件病害增多,构件分数降低。

(2)无论构件病害程度与病害数量如何增加,构件得分数始终 ≥ 0 分。

评定计算的构件、部件、桥面系、上部结构、下部结构、全桥技术状况评分均四舍五入保留一位小数。构件只有技术状况评分,无技术状况等级;部件、桥面系、上部结构、下部结构、全桥技术状况等级应根据评分结果以及《标准》中的表 4.1.5(桥梁技术状况分类界限表)来确定。

(3)部件技术状况评分

根据《标准》中第 4.1.2 条款规定,对桥梁部件技术状况评分,按照式(8-3)计算。

$$PCCI_i = \overline{PMCI} - (100 - PMCI_{\min})/t$$

或 $$BCCI_i = \overline{BMCI} - \frac{(100 - BMCI_{min})}{t}$$ (8-3)

或 $$DCCI_i = \overline{DMCI} - \frac{(100 - DMCI_{min})}{t}$$

式中：$PCCI_i$——上部结构第 i 类部件的得分，值域为 0～100 分；当上部结构中的重要部件某一构件评分值 $PMCI_l$ 在 [0,40) 区间时，其相应的部件评分值 $PCCI_i = PMCI_l$；

$\overline{PMCI}$——上部结构第 i 类部件各构件的得分平均值，值域为 0～100 分；

$BCCI_i$——下部结构第 i 类部件的得分，值域为 0～100 分；当下部结构中的重要部件某一构件评分值 $BMCI_l$ 在 [0,40) 区间时，其相应的部件评分值 $BCCI_i = BMCI_l$；

$\overline{BMCI}$——下部结构第 i 类部件各构件的得分平均值，值域为 0～100 分；

$DCCI_i$——桥面系第 i 类部件的得分，值域为 0～100 分；

$\overline{DMCI}$——桥面系第 i 类部件各构件的得分平均值，值域为 0～100 分；

$PMCI_{min}$——上部结构第 i 类部件中分值最低的构件得分值；

$BMCI_{min}$——下部结构第 i 类部件中分值最低的构件得分值；

$DMCI_{min}$——桥面系第 i 类部件中分值最低的构件得分值；

t——随构件的数量而变化的系数，见表 8-9。

t 值　　　　　　　　　　表 8-9

n（构件数）	t	n（构件数）	t
1	∞	20	6.60
2	10	21	6.48
3	9.7	22	6.36
4	9.5	23	6.24
5	9.2	24	6.12
6	8.9	25	6.00
7	8.7	26	5.88
8	8.5	27	5.76
9	8.3	28	5.64
10	8.1	29	5.52
11	7.9	30	5.4
12	7.7	40	4.9
13	7.5	50	4.4
14	7.3	60	4.0
15	7.2	70	3.6
16	7.08	80	3.2
17	6.96	90	2.8
18	6.84	100	2.5
19	6.72	≥200	2.3

部件技术状况评分方法特点：

①组成部件的单个构件分数越低，部件分数降低。

②考虑最差构件对桥梁整体安全性、实用性的影响,通过最差构件得分对构件得分平均值进行修正。

③主要部件中缺损状况严重的构件对桥梁安全影响非常大,当主要部件中的构件评分值在[0,40)时,主要部件的评分值不再按标准中的公式 4.1.2 进行计算,部件直接取此构件的评分值,若多个构件均低于 40 分,则选取最低构件得分值作为部件得分值。

(4)上部结构、下部结构、桥面系技术状况评分

$$\text{SPCI(SBCI 或 BDCI)} = \sum_{i=1}^{m} \text{PCCI}_i (\text{BCCI}_i \text{ 或 DCCI}_i) \times W_i \tag{8-4}$$

该公式与全桥的技术状况评分计算方法类似,都是采用加权求和法进行,同通过部件计算全桥技术状况评分的方法同出一辙。在采用该方法进行计算时,应注意实际工作中存在某座桥梁没有设置部件,如单跨桥梁无桥墩、部分桥梁无人行道等类似情况。需要根据此构件隶属于上部构件、下部构件或桥面系关系,将此缺失构件的权重值分配给其他部件。分配方法采用将缺失部件权重值按照既有部件权重在全部既有部件权重中所占比例进行分配的方法,保证既有部件参与评价,使桥梁评价更符合实际情况。

(5)桥梁总体技术状况评分

根据《标准》中 4.1.4 规定,对桥梁总体的技术状况评分,按照式(8-5)计算。

$$D_r = \text{DCI} \times W_D + \text{SPCI} \times W_{SD} + \text{SBCI} \times W_{SB} \tag{8-5}$$

式中:D_r——桥梁总体技术状况评分,值域为 0~100;

W_D——桥面系在全桥中的权重,按表 8-10 规定取值;

W_{SD}——上部结构在全桥中的权重,按表 8-10 规定取值;

W_{SB}——下部结构在全桥中的权重,按表 8-10 规定取值。

桥梁结构组成权重表 表 8-10

桥梁部位	权　重
上部结构	0.40
下部结构	0.40
桥面系	0.20

在进行上部结构、下部结构、桥面系的综合评定时,依据不同桥型各部件重要程度的不同,给予了各类型桥梁部件不同的权重。在进行全桥的综合评定时依据上部结构、下部结构、桥面系重要程度的不同,分别给予了上部结构的权重、下部结构的权重、桥面系的权重。由于各地环境条件不同,除了采用本规范的推荐值外,还允许依据实际情况进行调整。调整权重可采用专家评估法,调整值应经过批准认可,对主要构件的权重则不宜减少。

(6)特殊情况评定

当上部结构和下部结构技术状况等级为三类、桥面系技术状况等级为四类,且桥梁总体技术状况评分为 $40 \leq D_r < 60$ 时,桥梁总体技术状况等级可评定为三类。

(7)最差部件评定法

全桥总体技术状况等级评定时,当主要部件评分达到四类或五类且影响桥梁安全时,可按照桥梁主要部件最差的缺损状况评定。

(8)五类桥单项控制指标

在桥梁技术状况评定时,当满足《标准》中 4.3 节中规定的任一情况时,桥梁总体技术状况应评为五类桥。

桥梁技术状况评定案例

一、桥梁概况

某桥位于省道 S303 宜定线,桥梁中心桩号为 K287+700,桥梁全长 81.5m,桥宽 10.0m,净宽 9.0m。上部结构采用 3×25.0m 预应力混凝土箱梁,每跨 3 片梁。下部结构桥墩为双柱墩,桩基础;桥台为轻型桥台,桩基础。设计荷载公路—Ⅰ级,该桥 2012 年建成。

桥梁养管单位:××班。

养管责任人:王××。

桥梁基础及管理资料情况:桥梁卡片齐全;桥梁图纸齐全;桥梁养护管理资料基本齐全。

桥梁正面、立面图如图 8-4、图 8-5 所示,桥梁基本状况见表 8-11。

图 8-4 桥梁正面照

图 8-5 桥梁立面照

桥梁基本状况一览表 表 8-11

路线名称	S303	桥梁桩号	K287+700
桥梁名称	××桥	桥长(m)	81.5
桥宽(m)	10.0	跨径组合(m)	3×25.0
上部结构形式	预应力混凝土箱梁	下部结构形式	双柱墩,桩基础 轻型桥台、桩基础
设计荷载等级	公路-Ⅰ级	通车时间	2012 年

二、检查结果

(一)桥面系

(1)桥面铺装:变形、泛油、破损、裂缝等项评定标准均完好,无明显病害。

(2)伸缩缝装置:0 号台、3 号台伸缩缝堵塞,典型病害如图 8-6、图 8-7 所示,具体病害描述见上部承重构件病害记录表(表 8-12)。

图8-6　0号台伸缩缝堵塞

图8-7　3号台伸缩缝堵塞

病害记录表　　　　　　　　　　　　　　　　　　　　　表8-12

序号	评定指标		伸缩缝装置			
	评定标度	标度	病害位置	病害描述	病害标度	图片编号
1	凹凸不平	1~4	—	完好	1	—
2	锚固区缺陷	1~4	—	完好	1	—
3	破损	1~4	—	完好	1	—
4	失效	1~4	0号、3号台	伸缩缝堵塞	2	—

(3)栏杆、护栏:撞坏缺失、破损等项评定标准均完好,无明显病害。

(4)防排水系统:排水不畅,泄水管、引水槽缺陷等项评定标准均完好,无明显病害。

(5)照明、标志:照明设施缺失,标志脱落、缺失等评定标准完好,无明显病害。

(二)上部结构

(1)上部承重构件:1-1号梁右侧腹板距0号台2m处纵向裂缝$L=0.9m$、$\Delta=0.2mm$;1-2号梁左侧腹板纵向裂缝$L=1m$、$\Delta=0.2mm$,右侧腹板距0号台2m处纵向裂缝$L=0.9m$、$\Delta=0.2mm$;1-3号梁右侧腹板距0号台2m处纵向裂缝$L=0.6m$、$\Delta=0.2mm$;3-1号梁左侧腹板距3号台2m处纵向裂缝$L=1m$、$\Delta=0.2mm$;3-2号梁右侧腹板距3号台2m处纵向裂缝$L=0.5m$、$\Delta=0.1mm$;3-3号梁右翼缘板混凝土破损$S=0.7m×0.5m$,典型病害如图8-8~图8-12所示,具体病害描述见上部承重构件病害记录表(表8-13)。

(2)上部一般构件:0号台1号、2号横隔板破损,3孔1号、2号梁间湿接缝局部渗水(距2号墩2m),3号台1号2号梁横隔板局部渗水泛碱,典型病害如图8-13~图8-15所示,具体病害描述见上部一般构件病害记录表(表8-14)。

病害记录表　　　　　　　　　　　　　　　　　　　　　表8-13

序号	评定指标		上部承重构件			
	评定标准	标度	病害位置	病害类型	病害标度	图片编号
1	蜂窝、麻面	1~3	—	完好	1	—

续上表

序号	评定指标		标度	上部承重构件			
	评定标准	标度		病害位置	病害类型	病害标度	图片编号
2	剥落、掉角		1~4	3-3号梁	右翼缘板混凝土破损 $S=0.7\text{m}\times 0.5\text{m}$	2	—
3	空洞、孔洞		1~4	—	完好	1	—
4	混凝土保护层厚度		1~4	—	完好	1	—
5	钢筋锈蚀		1~5	—	完好	1	—
6	混凝土碳化		1~4	—	完好	1	—
7	混凝土强度		1~5	—	完好	1	—
8	跨中挠度		1~5	—	完好	1	—
9	结构变位		1~5	—	完好	1	—
10	预应力构件损伤		1~5	—	完好	1	—
11	简支梁(板)桥、刚架桥裂缝		1~5	—	—	—	—
12	连续梁桥、连续刚构桥、悬臂梁桥、t形刚构桥裂缝		1~5	1号跨	1号梁右侧腹板距0号台2m处纵向裂缝 $L=0.9\text{m}$、$\Delta=0.2\text{mm}$	2	—
					2号梁左侧腹板纵向裂缝 $L=1\text{m}$、$\Delta=0.2\text{mm}$	2	—
					2号梁右侧腹板距0号台2m处纵向裂缝 $L=0.9\text{m}$、$\Delta=0.2\text{mm}$	2	—
					3号梁右侧腹板距0号台2m处纵向裂缝 $L=0.6\text{m}$、$\Delta=0.2\text{mm}$	2	—
				1号跨	1号梁距3号台2m处左侧腹板纵向裂缝 $L=1\text{m}$、$\Delta=0.2\text{mm}$	2	—
					2号梁距3号台2m处右侧腹板纵向裂缝 $L=0.5\text{m}$、$\Delta=0.1\text{mm}$	2	—

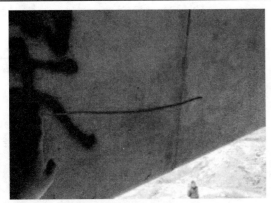

图8-8 1-1号梁右侧腹板纵向裂缝 $L=0.9\text{m}$、$\Delta=0.2\text{mm}$

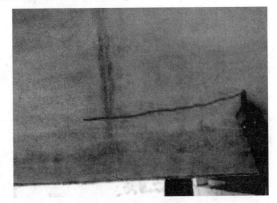

图8-9 1-2号梁左侧腹板纵向裂缝 $L=1\text{m}$、$\Delta=0.2\text{mm}$

图8-10 3-1号梁左侧腹板纵向裂缝 $L=1m$、$\Delta=0.2mm$

图8-11 3-2号梁右侧腹板纵向裂缝 $L=0.5m$、$\Delta=0.1mm$

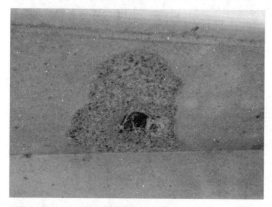
图8-12 3-3号梁右翼缘板混凝土破损 $S=0.7m\times0.5m$

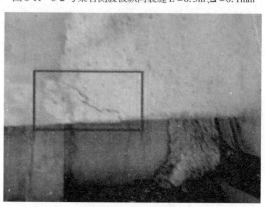
图8-13 0号台1号、2号横隔板破损

图8-14 第3跨1号、2号梁间湿接缝局部渗水

图8-15 3号台1号、2号梁横隔板局部渗水泛碱

病 害 记 录 表 表8-14

序号	评定指标		上部一般构件			
	评定标准	标度	病害位置	病害类型	病害标度	图片编号
1	蜂窝、麻面	1~3	—	完好	1	—
2	剥落、掉角	1~4	第1跨	0号台1号、2号横隔板破损	2	—
3	空洞、孔洞	1~4	第3跨	1号、2号梁间湿接缝局部渗水；3号台1号、2号梁横隔板局部渗水、泛碱	2	

续上表

序号	评定指标		上部一般构件			
	评定标准	标度	病害位置	病害类型	病害标度	图片编号
4	混凝土保护层厚度	1~4	—	完好	1	—
5	钢筋锈蚀	1~5	—	完好	1	—
6	混凝土碳化	1~4	—	完好	1	—
7	混凝土强度	1~5	—	完好	1	—

(3)支座:板式支座老化变质、开裂,板式支座缺陷,板式支座位置串动、脱空或剪切超限等项评定标准均完好,无明显病害。

(三)下部结构

(1)锥坡、护坡:0号台护坡右侧灰缝脱落,3号台左锥坡灰缝脱落,3号台前墙护坡下沉开裂,典型病害如图8-16~图8-18所示,具体病害描述见锥坡、护坡病害记录表(表8-15)。

图8-16 0号台护坡右侧灰缝脱落

图8-17 3号台左锥坡灰缝脱落

图8-18 3号台前墙护坡下沉开裂

病害记录表　　　　　　　　　　表8-15

序号	评定指标		锥坡、护坡			
	评定标准	标度	病害位置	病害描述	病害标度	图片编号
1	缺陷	1~4	0号台、3号台	0号台护坡右侧灰缝脱落;3号台左锥坡灰缝脱落;3号台前墙护坡下沉开裂	2	—
2	冲刷	1~4	—	完好	1	—

(2)桥墩:蜂窝、麻面、剥落、露筋、空洞、孔洞、钢筋锈蚀、混凝土碳化、腐蚀、磨损、圬工砌体缺陷,位移,裂缝等项评定标准完好,无明显病害。

盖梁、系梁:蜂窝、麻面、剥落、露筋、空洞、孔洞、钢筋锈蚀、混凝土碳化、腐蚀、裂缝等项评定标准完好,无明显病害。

(3)桥台:剥落、空洞孔洞、磨损、混凝土碳化腐蚀、圬工砌体缺陷、桥头跳车、台背排水状况、位移、裂缝等项评定标准完好,无明显病害。

台帽:破损,混凝土碳化、腐蚀,裂缝等评定标准完好,无明显病害。

(4)基础:冲刷、掏空、剥落、露筋、冲蚀、河底铺砌损坏、沉降、滑移和倾斜、裂缝等项评定标准均完好,无明显病害。

(5)河床:堵塞、冲刷、河床变迁等项评定标准均完好,无明显病害。

病害示意图如图8-19~图8-20所示。

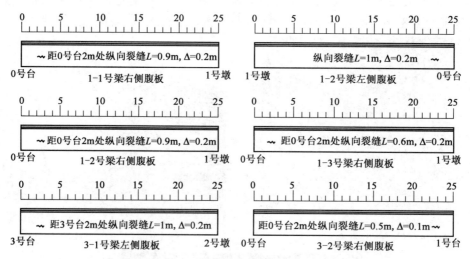

图8-19 上部承重结构病害示意图

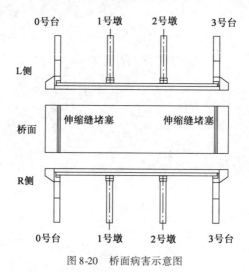

图8-20 桥面病害示意图

三、桥梁技术状况评定结果

依据《公路桥梁技术状况评定标准》(JTG/T H21—2011)中对运营阶段公路桥梁技术状况

评定等级的相关规定,评定分值见表 8-16。

桥梁技术状况评定表　　表 8-16

部位	类别	评价部件	权重	重新分配后权重	部件得分	桥梁上部、下部、桥面系技术状况评分	结构等级	桥梁总体技术状况评分	总体等级
上部结构	1	上部承重构件	0.70	0.70	73.6	80.1	2	90.5	2
	2	上部一般构件	0.18	0.18	92.1				
	3	支座	0.12	0.12	100.0				
下部结构	4	翼墙、耳墙	0.02	0.00	—	99.9	1		
	5	锥坡、护坡	0.01	0.01	89.1				
	6	桥墩	0.3	0.31	100.0				
	7	桥台	0.30	0.31	100.0				
	8	墩台基础	0.28	0.30	100.0				
	9	河床	0.07	0.07	100.0				
	10	调治构造物	0.02	0.00	—				
桥面系	11	桥面铺装	0.40	0.44	100.0	92.4	2		
	12	伸缩缝装置	0.25	0.28	72.7				
	13	人行道	0.10	0.00	—				
	14	栏杆、护栏	0.10	0.11	100.0				
	15	排水系统	0.10	0.11	100.0				
	16	照明、标志	0.05	0.06	100.0				

技术状况等级评定:

计算方法

$$D_r = BDCI \times W_D + SPCI \times W_{SP} + SBCI \times W_{SB}$$
$$= 92.4 \times 0.2 + 80.1 \times 0.4 + 99.9 \times 0.4$$
$$= 90.5$$

式中:BDCI——桥面系技术状况评分;

　　　SPCI——桥梁上部结构技术状况评分;

　　　SBCI——桥梁下部结构技术状况评分;

　　　W_D——桥面系在全桥中的权重;

　　　W_{SP}——上部结构在全桥中的权重;

　　　W_{SB}——下部结构在全桥中的权重。

经评分计算,上部结构 80.1 分,技术状况为 2 类;下部结构 99.9 分,技术状况为 1 类;桥面系 92.4 分,技术状况为 2 类;总体 90.5 分,因此该桥桥梁技术状况评定为 2 类。

四、检查结论及建议

1. 存在的主要病害

本次检查对张坪 2 号桥外观质量情况进行了全面的检查,通过检查该桥主要存在的病害是:

(1)0 号、3 号台伸缩缝堵塞。

(2) 1-1 号梁右侧腹板距 0 号台 2m 处纵向裂缝 $L=0.9m$、$\Delta=0.2mm$;1-2 号梁左侧腹板纵向裂缝 $L=1m$、$\Delta=0.2mm$,右侧腹板距 0 号台 2m 处纵向裂缝 $L=0.9m$、$\Delta=0.2mm$;1-3 号梁右侧腹板距 0 号台 2m 处纵向裂缝 $L=0.6m$、$\Delta=0.2mm$;3-1 号梁左侧腹板距 3 号台 2m 处纵向裂缝 $L=1m$、$\Delta=0.2mm$;3-2 号梁右侧腹板距 3 号台 2m 处纵向裂缝 $L=0.5m$、$\Delta=0.1mm$;3-3 号梁右翼缘板混凝土破损 $S=0.7m\times0.5m$。

(3) 0 号台 1 号、2 号横隔板破损,3 孔 1 号、2 号梁间湿接缝局部渗水(距 2 号墩 2m),3 号台 1 号 2 号梁横隔板局部渗水泛碱。

(4) 0 号台护坡右侧灰缝脱落,3 号台左锥坡灰缝脱落,3 号台前墙护坡下沉开裂。

2. 主要病害原因分析

(1) 箱梁腹板纵向裂缝是由于混凝土浇筑质量不良、混凝土收缩等原因引起。

(2) 湿接缝渗水是由于湿接缝与翼缘板结合不良引起。

3. 建议

养护管理建议:按照桥涵养护规范对该桥进行日常检查及养护。

维修加固建议:

(1) 对腹板纵向裂缝采取封闭、灌封处理。

(2) 加强桥面排水设施养护。

(3) 对横隔板破损进行修复。

(4) 对护坡、锥坡脱落灰缝进行清理,重新勾缝。

思考与练习

1. 桥梁检查分为哪几个层次?
2. 桥梁定期检查的周期是多少,检查内容有哪些?
3. 桥梁技术状况等级的含义是什么,如何去评定?

参 考 文 献

[1] 杨永波.地基基础工程检测技术[M].中国建筑工业出版社,2019.
[2] 陆勇.公路工程检测技术[M].北京:高等教育出版社,2011.
[3] 费月英,任小艳.公路工程检测技术[M].成都:西南交通大学出版社,2011.
[4] 赵一飞,许娅娅.公路几何线形检测技术[M].北京:人民交通出版社,2004.